| TOUR-SYMBOLE | | PREIS-SYMBOLE | |
| --- | --- | --- | --- |
| ❶ Die POLYGLOTT-Touren | | Hotel DZ | Restaurant |
| 🔲6 Stationen einer Tour | € | bis 60 EUR | bis 15 EUR |
| ● Zwischenstopp Essen & Trinken | €€ | 60 bis 100 EUR | 15 bis 20 EUR |
| 📙 A1 Die Koordinate verweist auf | €€€ | über 100 EUR | über 20 EUR |
| die Platzierung in der Faltkarte | | | |
| 📙 a1 Platzierung Rückseite Faltkarte | | | |

## ZEICHENERKLÄRUNG DER KARTEN

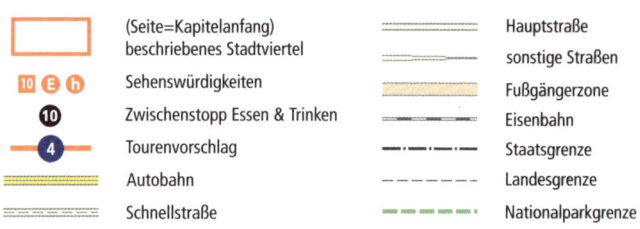

| | |
|---|---|
| (Seite=Kapitelanfang) beschriebenes Stadtviertel | Hauptstraße |
| 10 E h Sehenswürdigkeiten | sonstige Straßen |
| 10 Zwischenstopp Essen & Trinken | Fußgängerzone |
| 4 Tourenvorschlag | Eisenbahn |
| Autobahn | Staatsgrenze |
| Schnellstraße | Landesgrenze |
| | Nationalparkgrenze |

Altstadt und südl. der Elbe S. 66

# TOP-12-HIGHLIGHTS

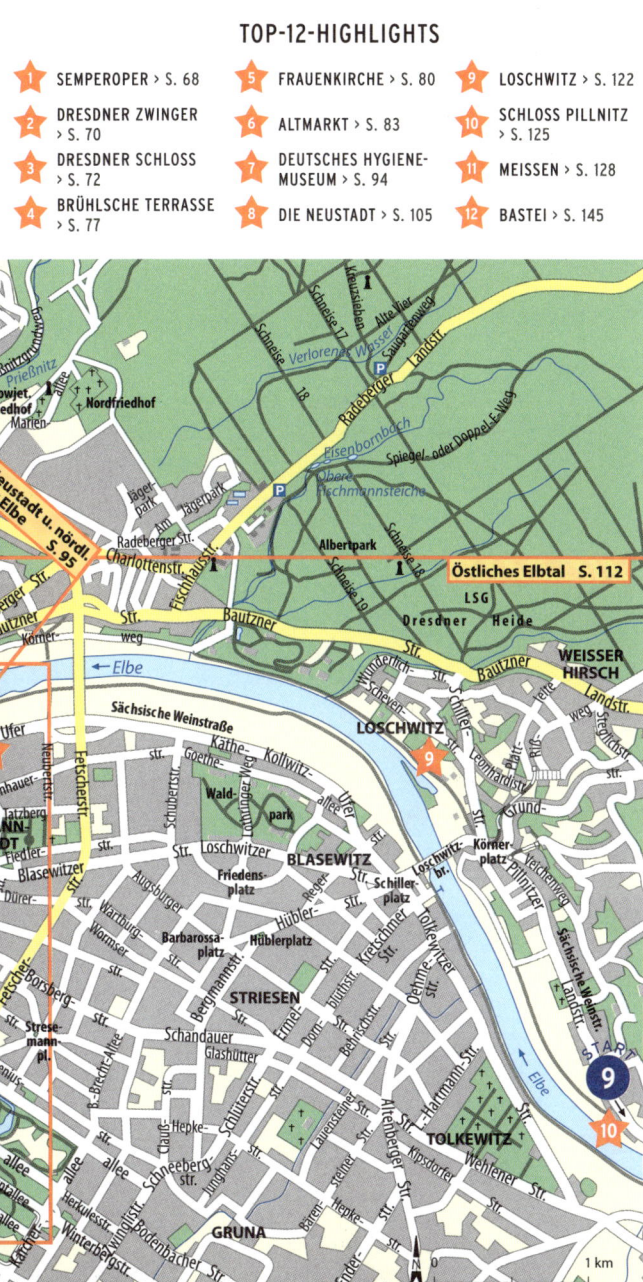

Die Kunstpassage in der Dresdner Neustadt überrascht mit Einblicken in die städtische Kulturszene

# TYPISCH

# DRESDEN IST EINE REISE WERT!

»Dresden. Dem Schönen begegnen«, »Dresden. Ganz große Oper« und »Dresden. Aufregend romantisch«, so warb und wirbt die sächsische Landeshauptstadt für sich selbst. Und wer sich auf Dresden einlässt, wird feststellen, dass in diesem Fall die Werbung recht hat.

### CHRISTOPH MÜNCH

Der Autor stammt aus dem südhessischen Lorsch und studierte Musikwissenschaft, Germanistik und Geschichte in Heidelberg und Rom. Er verliebte sich 1984 in Dresden. Seit 1994 lebt er dort und freut sich besonders über die italienischen Aspekte in »Elbflorenz«. Er genießt sie im Stadtbild, in den Museen, in der Musik sowie bei Kaffee und Wein.

Dresden! Ein Sehnsuchtsort. Ein Mythos. Wunderbar heitere Barockstadt und Inbegriff der Schönheit. Grässlich zerstört im Zweiten Weltkrieg mit unzähligen Toten. 40 Jahre DDR im Schatten von (Ost-)Berlin und Leipzig. Boomtown nach der Wende. Aber auch Schauplatz politischer Auseinandersetzungen. Wie soll sich das zusammenfügen? Was ist Dresden heute? Wie werde ich es erleben?

Ich komme mit der Bahn an. Während der Zugbegleiter den Bahnhof Dresden Neustadt ansagt, ziehen links Villen und Weinberge vorbei. Später Kleingärten und Gründerzeitgebäude. Nach dem Stopp in Dresden Neustadt überquert der Zug die Marienbrücke und gibt einen ersten Blick auf das berühmte Elbpanorama frei.

Dresden Hauptbahnhof! Eine Kathedrale der Eisenbahn und festliches Entree zur Stadt. Kaum habe ich die Kuppelhalle durchschritten, dann die Überraschung: Moderne Wohn-, Büro- und Geschäftshäuser empfangen mich. Die Prager Straße ist eine breite Fußgängerzone mit Imbissen und Cafés, Geschäften und Hotels. Doch zum Shoppen ist später noch Zeit. Ich suche zunächst das Dresden, von dem so viele schwärmen.

Am Dr.-Külz-Ring winken die Türme von Rathaus und Kreuzkirche, halb versteckt hinter modernen Geschäftshäusern. Die Arkadenreihe auf der linken Seite verspricht: das alte Dresden. Hinter dem weiten Altmarkt beginnt das historische Zentrum der Stadt. In unmittelbarer Nachbarschaft ballen sich zahlreiche Sehenswürdigkeiten. Vom Zwinger im Westen über Semperoper, Residenzschloss, Neumarkt mit Frauenkirche bis zum Albertinum im Osten sind es gerade einmal zehn Minuten schnellen Fußweges, und doch braucht man Stunden, um alles zu entdecken, um alle Blickwinkel ordentlich auszukosten.

Hier schlägt auch das touristische Herz der Stadt. Reisende und Sprachen aus aller Welt schwirren umher. Die Caféterrassen sind voll besetzt. Lebende Statuen verbeugen sich, wenn man eine Münze in das Kästchen vor ihnen wirft. Kaum zu glauben, dass viele der Gebäude in Dresden nicht nur liebevoll restauriert wurden, sondern einige davon in den letzten Jahren nach historischem Vorbild komplett neu wieder erstanden sind!

Dann stehe ich an der Elbe. Nach dem modernen und teilweise auch noch von der DDR-Zeit geprägten Dresden und nach der kulturell so reichen Altstadt zeigt sich Dresden hier als weite und vor allem grüne Stadt. Der Blick reicht von den Weinbergen Radebeuls im Westen bis zu den Schlössern und den bewaldeten Hügeln im Osten. Direkt gegenüber lockt die barocke Neustadt mit dem grünen Dach des Japanischen Palais, dem schwarzen Turm der Dreikönigskirche und dem monumentalen Bau des sächsischen Finanzministeriums.

Nachdem ich die Augustusbrücke überquert habe, fühle ich mich tatsächlich, als wäre ich in einer anderen Stadt. Beschaulich flanieren die Men-

Die Dresdner feiern und tafeln gemeinsam beim Hechtfest am letzten Augustwochenende

schen über die von Platanen gesäumte Hauptstraße, die Lebensader der barocken »Inneren Neustadt«. Verwinkelte und mit wirklich alten Barockgebäuden gesäumte Gassen führen zur mondänen Königstraße. Schließlich öffnet sich der Albertplatz mit seinen wunderschönen Bronzebrunnen. Wie von einem Magnet angezogen strömen von hier aus unzählige junge Menschen über die Ampel in das Stadtviertel dahinter.

Und schon wieder wandelt Dresden sein Gesicht komplett. Indische Räucherkerzen mischen sich in der »Äußeren Neustadt« mit den Düften eines benachbarten Dönergrills. Vietnamesische Obsthändler verkaufen neben einer italienischen Pizzeria. Aus einer Kneipe wummert ein dumpfer Beat. Punks und junge Mütter mit Kinderwagen ziehen vorbei. Die Alaunstraße führt zum Alaunpark. Die Wiese ist bei Sonnenschein von jungen Menschen bevölkert, die Fußball oder Tischtennis spielen, mit Freunden picknicken oder einfach nur lesen.

Neben dem Alaunpark erstreckt sich ein beschauliches historisches Villenviertel – schon wieder ein völlig anderer Eindruck –, und plötzlich stehe ich im Wald, rechts von mir plätschert ein klarer Bach, die Prießnitz. Auch das ist Dresden.

Diese Vielfalt macht neugierig, einen Blick hinter die Kulissen zu werfen, das Dresden der barocken Schlösser und modernen Bauten, der mondänen Villen, verwunschenen Dorfkerne und romantischen Weinberge, der immer vollen Museen und großen Musiktradition kennenzulernen. Doch dafür werde ich viel Zeit benötigen und sicherlich mehr als einmal wiederkommen müssen, um die unterschiedlichen Bilder zusammenzufügen und mein eigenes Dresden-Gefühl zu finden.

Prachtvoller Barock am Dresdner Zwinger

# WAS STECKT DAHINTER?

Die kleinen Geheimnisse sind oftmals die spannendsten. Hier werden die Geschichten hinter den Kulissen erzählt.

## WAS MEINT DER DRESDNER?

Immer wieder sorgt es für Verwirrung, wenn der Dresdner auf eine Frage mit einem – ebenfalls im fragenden Unterton gesprochenen – »Nu« antwortet. Das heißt »Ja«. Da das »Nu« auch in der Oberlausitz entlang der tschechischen Grenze verbreitet ist, sehen Sprachforscher den Ursprung im tschechischen Wort für Ja »Ano«, das in seiner verkürzten Form »No« dem Dresdner »Nu« sehr ähnlich ist. Andere sehen darin die Kurzform von: »Nun, warum nicht?« Auf jeden Fall klingt Nein in Dresden ganz anders: »Näääi!«

## WIESO IST DIE VERKEHRSINSEL AM PIRNAISCHEN PLATZ BLAU?

Das bekannte Blaue Wunder ist die Loschwitzer Elbbrücke. Auch das zweite blaue Wunder mitten auf dem Pirnaischen Platz hat etwas mit Verkehr zu tun. Weil hier im Mittelalter ein See lag, ließen die Dresdner Stadtväter bei der jüngsten Umgestaltung des Verkehrsknotenpunkts die Straßeninsel blau anmalen.

## WER HAT'S ERFUNDEN?

Oder warum gibt es in Dresden so viel Schokolade? Wer glaubt, die Schweizer hätten die Schokoladentafel erfunden, irrt. Es war das 1823 gegründete Dresdner Unternehmen Jordan und Thimäus, das die erste Milchschokolade produzierte. Die Dresdner waren immer findige Leute. Nicht nur Hartporzellan (1710) oder künstliches Mineralwasser (1818) stammen hierher. Es folgten weitere nützliche Dinge: Kondensmilch durch Pfunds Molkerei (1886), Kaffeefilter durch Melitta Benz (1908) und Teebeutel (1929), bis heute von »Teekanne« in Radebeul produziert. Karl August Lingner wurde durch sein Mundwasser Odol (1893) berühmt und reich. Außerdem sind die Zahnpastatube (1907) und die Spiegelreflexkamera (1936) Dresdner Erfindungen. Heute entwickeln Technische Universität, Fraunhofer-, Max-Planck- und Helmholtz-Institute 3-D-Displays, flexible Leuchtbänder (OLED) oder den Mobilfunkstandard 5G.

## WARUM DRESDNER STOLLEN?

Erfunden wurde der Stollen zwar angeblich in Naumburg, doch die Dresdner Bäcker erreichten, dass der Papst ihnen 1491 erlaubte, den damaligen Striezelteig mit Butter zu veredeln. So wurde aus dem Fastengebäck eine Schlemmerei. Das von der EU 2010 bestätigte Dresdner Stollensiegel bürgt für die Herkunft aus dem Großraum Dresden und die Qualität, d.h. einen bestimmten Anteil von Butter, Rosinen, Orangeat und Mandeln, ohne künstliche Aromen und Konservierungsmittel.

# 50 DINGE, DIE SIE ...

Hier wird entdeckt, probiert, gestaunt, Urlaubserinnerungen werden gesammelt und Fettnäpfe clever umgangen. Diese Tipps machen Lust auf mehr und lassen Sie die ganz typischen Seiten erleben. Viel Spaß dabei!

## ... ERLEBEN SOLLTEN

**❶ Hofknicks für Anfänger** Wie hatte man sich am glamourösen Hof Augusts des Starken zu benehmen? Den Barock-Knigge liefern im historischen Gewand Reichsgraf Brühl oder seine Frau beim Barokkokko-Erlebnisrundgang (Dresden-Information, QF-Quartier, April–Okt. Sa 11 Uhr; 90 Min. 15 €) › S. 154.

**❷ Fitness pur** Der Elberadweg › S. 28 belohnt Radler auf der Strecke von Dresden in die Sächsische Schweiz bis Schöna für jeden gestrampelten Kilometer mit neuen Ausblicken (Rad 8 €/Tag, z. B. bei www.rollondresden.de, Rückfahrt mit der S-Bahn ca. 10 € inkl. Fahrrad-Tageskarte).

**❸ Stranderlebnisse** Ein beliebtes Ziel von Schwimmern an heißen Sommertagen ist eine namenlose Insel im Badesee Birkwitz › S. 29 – nur 250 m vom Ufer entfernt.

**❹ Party unter freiem Himmel** Viele Musikfreunde und Tanzwillige feiern mit diversen Livebands zwischen Louisen-, Alaun-, Görlitzer Straße und Alaunplatz beim Festival »Bunte Republik Neustadt« › S. 63.

Das Taschenbergpalais bietet eine festliche Kulisse zum Schlittschuhlaufen

**5** **Genuss mit Ausblick** Bei der Schlenderweinprobe des Winzers Müller › S. 121 durch die Parks der Elbschlösser erfährt man Interessantes und Amüsantes über die Kulturlandschaft, während man die edlen Tropfen verkostet.

**6** **Porzellan-Malerei** Wem das Meissener Porzellan zu teuer und das Angebot der Warenhäuser zu austauschbar ist, der kann seine Schalen, Teller oder Vasen selbst gestalten bei »Made by you« 📙 C1 (Förstereistr. 46, 01099 Dresden, Tel. 03 51/ 646 51 81, www.madebyyou-dresden.de).

**7** **Paddeltour auf der Elbe** Mit der S-Bahn geht es nach Pirna. Von dort paddelt man im Kajak von Kanu Aktiv Tours › S. 29 in etwa 4 Std. 19 km flussabwärts, vorbei an den Elbschlössern bis zum Fährhafen Johannstadt in Dresden (ab 26 €, außerdem S-Bahn-Ticket Dresden–Pirna).

**8** **Knalleffekt** In der Silvesternacht kann man es an den Elbwiesen vor den Bellevuegärten › S. 104 selbst ordentlich krachen lassen, auf das neue Jahr anstoßen und das grandiose Feuerwerk vom Theaterplatz gegenüber bestaunen.

**9** **Barock gleiten** Beim Eislaufen um den festlichen Weihnachtsbaum im Innenhof des barocken Taschenbergpalais › S. 72 wird einem nicht nur warm ums Herz (Dez./Jan., Eintritt inkl. Schlittschuh: 11 € bzw. 8 €).

**10** **Sonntagsausflug** Man fährt von Loschwitz mit der Standseil-

Kreative bemalen ihr Porzellan selber

bahn hinauf ins Villenviertel Weißer Hirsch › S. 121 und genießt vom Panoramarestaurant Luisenhof aus den Blick übers Elbtal, bevor man sich zu Fuß an den Abstieg macht.

## ... PROBIEREN SOLLTEN

**11** **Obstbrände** Die Früchte sächsischer Streuobstwiesen verarbeitet Augustus Rex zu edlen Bränden. (u. a. bei: Edelrausch, Bautzner Straße 21, 01099 Dresden, www.edelrausch.de) 📙 C1.

**12** **Vegane Cupcakes** Veganer kommen bei Süßem in der Neustadt dank der liebevoll dekorierten Cupcakes von »Fräulein Lecker« 📙 C1

Der frische Kaffeeduft in der Rösterei-Manufaktur weckt die Lust auf ein Tässchen

auf ihre Kosten (Bischofsweg 28, 01099 Dresden, www.fraeulein-lecker-dresden.de, Di–So 12–18 Uhr).

**13 Dresdner Eierschecke** Der Käsekuchen mit besonders hohem Ei-Anteil, den es vom Blech und auch in Tortenform gibt, schmeckt vorzüglich bei Ralf Müller im Dresdner Kaffeestübchen ▮ C3 (Salzgasse 8, 01067 Dresden, Mobiltel. 01 51/54 84 66 25, www.dresdner-kaffeestuebchen.de).

**14 Dresdner Stollen** Das Weihnachtsgebäck hat es in sich, was Geschmack und Kalorien angeht, vor allem der von Bäcker Scheinert auf dem Weißen Hirsch ▮ K2 (Bautzner Landstr. 64, 01324 Dresden, www.baeckerei-scheinert.de, Di–Fr 7–18, Sa 7–11, So 7.30–10.30 Uhr).

**15 Wilder Mann und Lenins Hanf** Die Biobiersorten der Neustädter Hausbrauerei tragen besondere Namen, sind ungefiltert und äußerst schmackhaft. In dem Brauereiausschank Bautzner Tor › S. 36 kann man die Biere verkosten und sich selbst davon überzeugen.

**16 Quarkkäulchen** Wenn die dicken Pfannkuchen aus Quark, Weizen- und Kartoffelmehl mit Apfelmus und Sahne von einer barocken Magd im Sophienkeller › S. 36 serviert werden, ist der Eindruck königlich sächsischer Lebensfreude perfekt.

**17** **Nougat zum Dahinschmelzen** In der Viba-Erlebnis-Confiserie schmecken die Nougatstangen mit Haselnüssen bei einer Tasse Kaffee und Blick auf den Altmarkt am besten (Altmarkt 25, 01067 Dresden, Tel. 03 51/486 79 30, www.viba-sweets.de, Mo bis Sa 9.30–21, So/Fei 12–18 Uhr) B3.

**18** **Traminer aus Sachsen** Der Traminer von Klaus Zimmerling ist eine sehr wohlschmeckende Rarität (Winzerausschank: Bergweg 27, 01326 Dresden, Tel. 03 51/261 87 52, www.weingut-zimmerling.de, Fr–So 11–18 Uhr) c3.

**19** **DDR-Kult-Eis** Die Renaissance der DDR-Marke Haselbauer verlief erfolgreich. Dafür, dass das leichte Streicheis mit Vanillegeschmack, in der klassischen Muschelwaffel wieder in aller Munde ist, sorgt der Eispavillon › S. 87.

**20** **Dresdner Sauerbraten** Tagelang in saurer Milch eingelegtes Rindfleisch erhält durch die Soße mit sächsischen Pulsnitzer Pfefferkuchen seine spezielle Würze, dazu werden Apfel-Rotkohl und Kartoffelklöße serviert. Gut schmeckt es z. B. in der Kurfürstenschänke an der Frauenkirche › S. 82.

**21** **Schwarze Versuchung** Die erste Tafel Schokolade sowie der erste mit Schokolade gefüllte Adventska-

lender stammen aus Dresden. Das Schokoladenmuseum c3 bietet im angeschlossenen Café eine große Auswahl. (Schloßstr. 22, 01067 Dresden, Tel. 03 51/49 76 98 43, So–Do 10–18, Fr/Sa bis 20 Uhr).

**22** **Frische Röstaromen** Der beste Kaffee der ganzen Stadt stammt von der Rösterei-Manufaktur (Meschwitzstr. 5, 01099 Dresden, www.dresden-kaffee.de, Mo–Fr 8.30–16.30 Uhr) b2.

## ... BESTAUNEN SOLLTEN

**23** **Himmlische Botschafter** Die berühmtesten Weihnachtsengel der Welt sind im Original nur Beiwerk der berühmten Sixtinischen Madonna von Raffael › S. 71 in der Gemäldegalerie Alte Meister.

**24** **Nackte Wahrheiten** Lust und Politik verkörpern die Sandsteinfiguren im Dresdner Zwinger: Am

Raffaels himmlische Botschafter

Das Fruchtfliegen der Dresdner Designerin
Vittinghof finden reißenden Absatz

Nymphenbad › S. 71 gesellen sich
leicht bekleidete Putten zu den
Nymphen. Und Leda beschäftigt
sich intensiv mit Jupiter in Schwa-
nengestalt.

**25 Glockenheller Gesang** Die
Stimmen der Knaben des Dresdner
Kreuzchors › S. 60 erklingen bei den
Kreuzchorvespern (Sa 17 Uhr).

**26 Grauen und Wunder** Das Panometer › S. 94 lädt zu einer Zeitreise
ein: Von Mitte Januar bis Ende Mai
versetzt das Rundbild die Betrachter ins verschneite und zerbombte
Dresden des Jahres 1945. So ahnt
man, welche enorme Anstrengungen
der Wiederaufbau kostete.

**27 Kirschblüte** Japan ist für seine
Kirschblüte bekannt. Die Bellevuegärten › S. 104 zwischen Japanischem Palais und Augustusbrücke

können da prächtig mithalten. Anfang April ist die beste Zeit.

**28 Groß im Kleinen** Angeblich 185
Gesichter zeigt der Kirschkern im
Neuen Grünen Gewölbe › S. 74.
Wer viel Zeit hat, kann nachzählen.
Wer nicht, genießt den unglaubli-
chen Reichtum der Schatzkammer.

**29 Unter Dampf** Begleitet von Zi-
schen und Pfeifen schippern die
historischen Raddampfer der Sächsischen Dampfschifffahrt › S. 25 auf
der Elbe dahin, gemächlich ziehen
Villen, Schlösser, Gärten und Weinberge vorbei.

**30 Grandioser Überblick** Beim
Blick vom Hausmannsturm des Re-
sidenzschlosses › S. 72 über die
Stadt kann man ermessen, wie groß
die Wiederaufbauleistungen Dresdens nach dem Krieg waren.

**31 Keil und Blitz** So gewaltig wie
der Einschnitt des Zweiten Weltkriegs in die Geschichte Dresdens
ist der Keil aus Glas und Stahl, den
der Architekt Daniel Libeskind
durch das Militärhistorische Museum › S. 107 trieb.

**32 Weissagungen** Kein Weltun-
tergang, sondern nur ein neuer Zy-
klus der Menschheit – abgebildet
auf einer der wenigen erhaltenen
Maya-Handschriften im Buchmuseum der SLUB › S. 150.

**33 Keramiktraum** Herzallerliebst
gaukeln die Putten auf den Fliesen
von Villeroy & Boch in Pfunds Mol-

kerei › S. 109 eine heile Konsumentenwelt anno dazumal vor.

## ... MIT NACH HAUSE NEHMEN SOLLTEN

**34** **Zum Wohlfühlen** Mit den Badesalzen von Dresdner Essenz kann man zu Hause behaglich in Erinnerungen aalen (Leipziger Str. 300, 01139 Dresden, www.dresdner-essenz.com, Mi 9.30–18, Do–Fr 15–18 Uhr) ▮ b2.

**35** **Für die Ohren** Selbst wer nicht zu den absoluten Klassikfans gehört, wird an der DVD mit dem Silvesterkonzert der Staatskapelle Dresden unter Christian Thielemann in der Semperoper aus dem Shop dort Freude haben › S. 68.

**36** **Für den Gaumen** Der sächsische Wein aus Dresden und Umgebung ist ebenso lecker wie selten. Man sollte ihn gleich vor Ort in der Sächsischen Vinothek › S. 40 kaufen. Beim Genuss daheim lässt man die Reise dann Revue passieren.

**37** **Zum Verschenken** Die Designerin Sabine Vittinghoff zeichnet liebenswerte Fruchtfliegen in allen menschlichen Lebenslagen (Kunst-

Libeskind sprengt mit seiner Architektur den Rahmen des Militärhistorischen Museums

Die Staatliche Manufaktur Meissen archiviert Tonmodelle aller ihrer Porzellanprodukte

hofpassage, Görlitzer Str. 23, 01099 Dresden, Tel. 03 51/802 41 21, www.fruchtfliege.com) ▮ C1.

**38 Als Schmuck** Der Museumsladen im Residenzschloss › S. 72 verkauft nachgebildeten Schmuck aus dem Grünen Gewölbe, z.B. eine 128 € teure Glasreplik des in eine brillantenbesetzte Brosche eingefassten grünen Diamanten.

**39 Gegen Winterdepressionen** Ein Ableger der Pillnitzer Kamelie bringt im Februar die Blütenpracht ins Haus. Verkauft werden sie zur Blütezeit auf Schloss Pillnitz › S. 126.

**40 Auf den Tisch** Die Staatliche Manufaktur MEISSEN verkauft neben dem kostbaren, traditionellen Porzellan im Meissen Outlet › S. 40 auch die modernen, für 69 € erschwinglichen Kaffeebecher der »Mug Collection« zum Sammeln.

**41 Für die Gesundheit** Freital ist das größte deutsche Anbaugebiet der Heilpflanze Salbei. Besonders wohltuend bei kratzendem Hals ist der klassische Arhamasalbeiblütentrunk (Bombastus-Werke AG, Wildruffer Str. 170 (Tor 2), 01705 Freital, www.bombastus-werke.net, Mi 10–19 Uhr) ▮ b3.

**42 Zum Mitfiebern** Autor Ralf Günther lässt in seinem Roman »Als Bach nach Dresden kam« die sächsische Stadt der Barockzeit farbenprächtig wiederauferstehen (Thalia – Haus des Buches, Dr.-Külz-Ring 12, 01067 Dresden) ▮ B4

## ... BLEIBEN LASSEN SOLLTEN

**43 Mit dem eigenen Auto in die Stadt** Die schönsten Orte der Alt- und Neustadt sind Fußgängerzone oder verkehrsberuhigt. Darum sollte man sein Auto in einem der vielen Parkhäuser abstellen, um die Stadt stressfrei zu erkunden.

**44 Sächsisch sprechen, ohne Sachse zu sein** Der Sachse ist stolz auf seine Sprache und fühlt sich daher veralbert, wenn die Mundart nicht ernst genommen wird.

**45 Über Politik reden** Stadtverwaltung, Waldschlösschenbrücke, Pegida. In vielen Fragen sind die Dresdner nicht einer Meinung, ja gespalten. Einig sind sie sich allerdings immer dann, wenn Auswärtige ihnen sagen, wie es besser sein könnte. Das mögen sie gar nicht!

**46 Keine Zeit haben** Die Sachsen sind »gemiedlisch«, und so sollte auch die Landeshauptstadt nicht in Eile durchschritten werden. Sonst entgeht einem der wahre Zauber Dresdens.

**47 Sonntag auf dem Elberadweg** Der Elberadweg ist sehr beliebt – aber nicht breit genug. Zumal sich im Innenstadtbereich Radfahrer und Fußgänger den Weg teilen. Sonntags wird's besonders eng.

**48 Mit High Heels durch Dresden** Die Dresdner Innenstadt ist fast durchgängig kopfsteingepflastert.

Da bleiben hohe Pumps schnell mal stecken. Kein Wunder, dass es in unmittelbarer Nähe so viele Schuhgeschäfte gibt.

**49 Opernkarten vom Schwarzhändler** Nicht jeder, der am Abend vor der Semperoper Karten verkauft, hat private Gründe. Professionelle Händler verlangen z. T. einen erheblichen Preisaufschlag. Wer dennoch kaufen möchte, sollte sich vorher genauestens über Sitzplätze und Originalpreise informieren.

**50 Im Anzug durch die Neustadt** In der Neustadt gibt sich Dresden lässig und alternativ. Der Anzug ist da völlig »overdressed«. Und sollte der Opernbesuch doch mit einem Kneipenbesuch enden, dann wenigstens ohne Krawatte.

Bequemes Schuhwerk nicht vergessen!

Ein Dach schützt den kleinen
Schlosshof vor Wind und Wetter

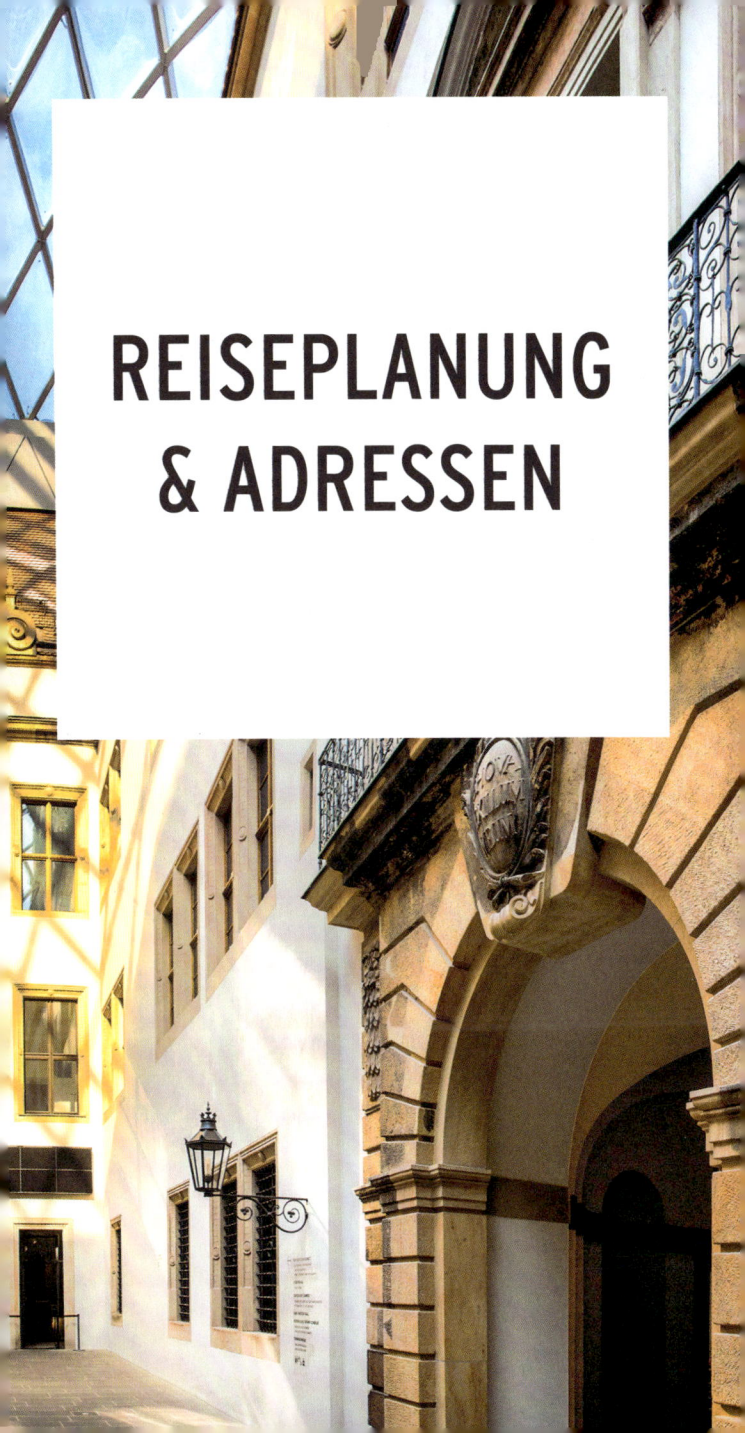

# REISEPLANUNG & ADRESSEN

# DIE STADTVIERTEL IM ÜBERBLICK

»Dresden hat mir große Freude gemacht und meine Lust, an Kunst zu denken, wieder belebt. Es ist ein unglaublicher Schatz aller Art an diesem schönen Orte«, begeisterte sich Goethe 1790.

Der klassische Sonntagsausflug führt mit der Standseilbahn zum Viertel Weißer Hirsch

»Ein deutsches Florenz«, schwärmte Goethes Freund, der Philosoph Johann Gottlieb Herder 1802. Und der 1899 in Dresden geborene Erich Kästner nannte seine Heimatstadt einen Dreiklang von Geschichte, Kunst und Natur und fügte stolz hinzu: »Wenn es zutreffen sollte, dass ich nicht nur weiß, was schlimm und hässlich, sondern auch, was schön ist, so verdanke ich diese Gabe dem Glück, in Dresden aufgewachsen zu sein.« Auch heute noch fällen viele ausländische Besucher, die ein Abstecher von der deutschen Hauptstadt eher zufällig erstmals nach Dresden führt, ihr Fazit: »Berlin ist interessant – und Dresden schön«.

Dabei war nach den Bombenangriffen am 13. und 14. Februar 1945 › S. 84 kaum abzusehen, dass Dresden jemals wieder mit Schönheit in Verbindung gebracht werden würde. Das Stadtzentrum lag in Trümmern, und in den 1970er-Jahre kündeten nur wenige wiederhergestellte historische Bauten vom einstigen Glanz der sächsischen Residenz. Aber die Dresdner kämpften für die Schönheit ihrer Stadt und tun das auch heute noch leidenschaftlich. Die UNESCO erklärte die einzigartige Stadtlandschaft 2004 zum Weltkulturerbe – ein ehrenvoller Status, der Dresden allerdings nach dem Bau der Waldschlösschenbrücke 2009 wieder aberkannt wurde.

Dresdens wichtigste Sehenswürdigkeiten liegen sehr dicht beieinander. Doch der wahre Reiz liegt in der Vielfalt zwischen moderner Großstadt, romantischem Idyll und sächsischer Gemütlichkeit. Den Eindruck vervollständigt die abwechslungsreiche Umgebung. Dresden ist flächenmäßig die viertgrößte Stadt Deutschlands. Sie besteht aus insgesamt rund 50 historischen Orten, die teilweise ihren alten Dorfkern, manchmal auch noch ihren kompletten ländlichen Charakter bewahrt haben. Touristisch bedeutsam ist zunächst die südlich der Elbe gelegene **Altstadt.** Historische Bauten in einmaliger Dichte, gefüllt mit unermesslichen Kunstwerken, und moderne Einkaufsstraßen liegen hier dicht beieinander. Ebenfalls in unmittelbarer Nähe erstreckt sich Dresdens innerstädtische grüne Lunge, der Große Garten. Auf der gegenüberliegenden, nördlichen Elbseite liegt die **Neustadt.** Hier bieten ein ursprünglich erhaltenes, beschaulich-elegantes Barockviertel und ein quirliges Gründerzeitquartier städtisches Flair und zeigen Dresden buchstäblich von der anderen Seite. Schlösser, Villen, Weinberge und nahezu unberührte Flussauen machen das **Dresdner Elbtal** zu einer lieblichen Kulturlandschaft und einem beliebten Ziel für die Wochenendspaziergänge der Dresdner. Tun Sie es ihnen einfach nach!

# KLIMA & REISEZEIT

**Im oberen Elbtal sind die Temperaturunterschiede zwischen Sommer und Winter nicht so groß wie etwa im Süden Deutschlands.**

Während die durchschnittliche Tagestemperatur im Juli und August um 24 °C liegt, bewegt sie sich im Winter knapp über dem Gefrierpunkt. Die Werte werden allerdings am rund 100 m oberhalb der Stadt gelegenen Flughafen Klotzsche gemessen. Im Elbtal selbst liegen die Temperaturen meist ein bis zwei Grad darüber. Hochsaison ist in Dresden zwischen April und Oktober sowie im Dezember. Insbesondere für verlängerte Wochenenden muss man dann frühzeitig ein Quartier buchen.

In der warmen Jahreszeit kommen die natürlichen Reize der Elbmetropole am besten zur Geltung. Dann lebt die Stadt im Freien – ob in Terrassenlokalen, an Stadtstränden, auf Rad- und Schiffstouren oder zahlreichen Open-Air-Veranstaltungen. Im Dezember erwacht dann dieses Gefühl trotz

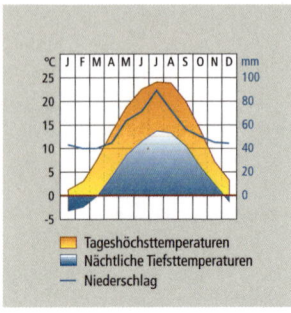

°C J F M A M J J A S O N D mm

☐ Tageshöchsttemperaturen
☐ Nächtliche Tiefsttemperaturen
— Niederschlag

Kälte und Feuchte erneut, sei es auf einem der vielen Weihnachtsmärkte oder an Silvester, wenn sich die halbe Stadt auf den Elbwiesen oder auf dem Theaterplatz zu versammeln scheint, um ausgelassen das neue Jahr zu begrüßen.

Mitte Januar bietet der Skiweltcup der Langläufer ein Event für Sportinteressierte. Kulturbegeisterte nutzen die Nebensaison von Januar bis März gern, um beim Semperopernball Dresdens glamouröse Seite zu genießen, oder sich kurzfristig für große Konzert- und Opernerlebnisse entscheiden zu können. Auch die Museen sind in diesen Monaten nicht so voll wie sonst.

# ANREISE

### MIT DEM AUTO

Dresden ist aus Richtung Berlin, Leipzig und Chemnitz über Autobahnen sehr gut angebunden. Die Fertigstellung der Autobahn nach Prag hat zudem das Nadelöhr der Innenstadt zusätzlich entlastet.

### MIT BAHN & BUS

Dresden ist als Knoten des Eisenbahnetzes im Osten Deutschland u. a. per ICE gut zu erreichen. Die Stadt verfügt mit Hauptbahnhof und Bahnhof Dresden-Neustadt über zwei Fernbahnhöfe (www.bahn.de). Von verschiedenen deutschen Großstädten verkehren auch Fernbusse nach Dresden (www.fernbusse.de).

### FLUGZEUG & SCHIFF

Linienflüge verbinden zahlreiche deutsche und europäische Städte mit dem Flughafen »Dresden International« in Dresden-Klotzsche, 9 km nördlich des Stadtzentrums. Von dort bestehen S-Bahn-Verbindungen zum Hauptbahnhof und zu den Bahnhöfen Neustadt und Mitte.

Die sächsische Landeshauptstadt kann man aber auch im Rahmen von stimmungsvollen **Elbekreuzfahrten** bereisen, die von Hamburg bzw. Magdeburg aus bis nach Tschechien zur Moldau kurz vor Prag führen. Einer der Veranstalter ist die Stuttgarter Nicko Tours GmbH (Tel. 07 11/248 98 00, www.nicko-cruises.de), die auch Fahrten auf Havel und Moldau zwischen Potsdam, Dresden und Prag anbietet.

# STADTVERKEHR

## ÖFFENTLICHE VERKEHRSMITTEL

Mit Straßenbahn und Bus bewegt man sich am besten und schnellsten durch die Stadt, das Netz ist sehr engmaschig und mehrere Straßenbahnlinien verkehren sogar die ganze Nacht (Fahrplan: Tel. 03 51/857 10 11, www. dvb.de). Mit der S-Bahn erreicht man darüberhinaus die Sächsische Schweiz und Meißen. Einzelfahrscheine kosten 2,40 € (gültig 1 Std.). Sie werden auch in den Straßenbahnen am Automaten angeboten. Billiger sind die nur im Vorverkauf erhältlichen Kurzfahrten (vier Fahrten mit bis zu vier Haltestellen zu 5,50 €) oder die Viererkarten (8,60 €). Zu zweit lohnt sich die Familientageskarte (9 €). Die **Dresden-Card** ist vor allem interessant für Besucher, die länger als einen Tag bleiben › S. 153. Kaufen kann man sie bei der **Dresden Information** am Neumarkt (www.dresden.de/tourismus).

Als Sonderverkehrsmittel gelten die beiden historischen **Dresdener Bergbahnen** (www.dresdner-bergbahnen.de): Von der Talstation Körnerplatz verkehrt sowohl die Schwebebahn zur Loschwitzhöhe als auch die Standseilbahn zum Stadtteil Weißer Hirsch. Ermäßigungen gibt es aber für Inhaber von Dresden-Card und VVO-Tageskarten (Familienkarte: 12, 50€, Berg- und Talfahrt: 5 € erm. 3 €, einfach: 4/2,50 €).

## AUTO

Ums Zentrum verlaufen mehrere Durchgangsstraßen, während das Zentrum selbst – teils leider nur halbherzig – zu verkehrsberuhigten Zonen oder Fußgängerbereichen umgestaltet worden ist. Gebührenpflichtige Parkplätze und Tiefgaragen stehen in der Altstadt ausreichend zur Verfügung. Angespannt ist die Parkplatzsituation dagegen in der dicht besiedelten Neustadt, die man besser mit öffentlichen Verkehrsmitteln ansteuert.

## TAXI

In Dresden gibt es zwei Taxi-Anbieter: entweder die herkömmlichen Taxen (Tel. 03 51/21 12 11) oder den 8x8 Chauffeurdienst (Tel. 03 51/88 88 88 88) mit eleganten schwarzen Limousinen der Oberklasse. Beide Unternehmen sind seriös und zuverlässig, die Preise sind ähnlich.

## DAMPFSCHIFFFAHRT

Die zentrale Anlegestelle der Raddampferflotte, die 2016 ihren 180. Geburtstag feierte, liegt unterhalb der Brühlschen Terrasse am Altstadt-Ufer. Von April bis Oktober werden Fahrten in die Sächsische Schweiz angeboten, nach Meißen (auch mit Weinprobe), mehrfach täglich eine »Schlösserfahrt« bis Pillnitz sowie – auch im Winter – regelmäßig Sonderfahrten. Info: Tel. 03 51/86 60 90, www.saechsische-dampfschifffahrt.de). › mehr S. 16 Punkt **29**

# DER SCHÖNGEIST IM WEINBERG

Winzer Karl Friedrich Aust pflegt seine Rebstöcke mit Fingerspitzengefühl

Als mich Karl Friedrich Aust in seinem Weingut begrüßt, muss ich die Klischees der urigen, rustikalen Winzer erst einmal hinter mir lassen. Golden glänzende, lange Haare und feine Gesichtszüge sind das Erste, was mir an dem Enddreißiger auffällt. Passend zur eleganten Fassade des liebevoll sanierten barocken Eckbaus seines Weinguts. Ein Schöngeist, der Kultur und Genuss zusammenführt und dies gern auch internationalen Gästen vermittelt.

## GLÜCKLICHES ERBE

»Ich habe das Glück, an diesem in jeder Hinsicht idyllischen Flecken Erde aufgewachsen zu sein. Es gab die Welt draußen und es gab diese wunderbare private Welt. Die Geschichte des Hauses an der Weinbergstraße, die herrliche Landschaft und die Weinberge haben mich von Kindheit an geprägt«.

Die Geschichte des Gebäudes reicht bis ins Jahr 1650 zurück. 1792 kaufte es der Dresdner Hofdrucker Carl Christian Meinhold als Sommersitz. Auch er war bereits dem Tourismus zugetan: 1818 gab er einen der ersten professionellen Reiseführer Dresdens auf Deutsch und Französisch heraus. Meinholds letzte Nachfahren vererbten das Anwesen dann 1975 an Austs Vater. Dieser war als Architekt mit der

Restaurierung des Dresdner Zwingers beschäftigt. Ihm trauten sie zu, dass er das historische Erbe bewahren und weiter führen könne.

Doch der Vater starb früh, und so übernahm seine Frau Elisabeth Aust, tatkräftige unterstützt von der restlichen Familie, den Hof, der dann später an den jungen Karl Friedrich Aust ging. Zunächst war der Weinbau nur ein Nebenerwerb. Ab 1996 baute ihn der Sohn allerdings zu einem professionellen Weingut mit inzwischen über fünf Hektar Rebfläche aus. »Wir sind in eine perfekte Zeit hineingeboren worden, in der Weltoffenheit erst die Grundlage gegeben hat, so etwas aufzubauen.« Seine beiden Geschwister widmen sich heute der Kunst bzw. dem Kunsthandwerk. So gestaltet Friederike Curling-Aust, die Schwester des Winzers, Etiketten von Sondereditionen und gibt mit Ihrem Mann Malkurse.

## ZUSAMMENSPIEL VON BODEN UND KLIMA

Mittlerweile bewirtschaftet Aust direkt hinter dem Haus die Rebflächen der wohl besten Radebeuler Lage »Goldener Wagen«. Doch nicht nur das. Neun Weißweinsorten, sowie ein Spätburgunder Rotwein wachsen auch in den Lagen Radebeuler Steinrücken und Radebeuler Johannisberg: »Das Besondere am sächsischen Wein ist das Zusammenspiel von Boden und Klima. Unsere Weine haben einen wieder erkennbaren Geschmackswert. Sie sind sehr feinmineralisch und nicht überbordend.«

## RUNDUM GENIESSEN

Außerdem bietet Aust in seinem Restaurant ausgewählte Speisen an. Plätze gibt es in der familiären Weinstube oder in dem benachbarten klassizistischen Gartensaal, der auch gern für Feiern gemietet wird. Im Sommer lassen sich Austs Weine und regionale Gerichte auch im Freien unter den Bäumen mit Ausblick auf die Weinberge der benachbarten Hoflößnitz genießen. Das Weingut ist bei Ausflüglern beliebt.

## AUST BESUCHEN UND WEIN VERKOSTEN

**Weingut Karl Friedrich Aust**

- Weinbergstraße 10
  01445 Radebeul
  Tel. 03 51/833 87 50
  www.weingut-aust.de
  (Gutsladen Mi 15–18, Fr–So 11–18,
  Restaurant Mi–Fr 17–22,
  Sa/So 15–22 Uhr)

## SEIN BESONDERER TIPP

... für ein unmittelbares Weinerlebnis

Die Küche bereitet auf Anfrage einen Picknickkorb mit Wein, Wasser und einem Winzerteller vor. Damit wandert man rund 300 m zu einem kleinen Pavillon inmitten der Weinberge. Aust schwärmt vom Ausblick über das Elbtal von Radebeul bis Dresden: »Hier zeigt sich vielleicht am besten die Verbindung unseres Weines zur Kultur. Man fährt 15 Minuten von uns zur Semperoper und zum Staatsschauspiel, zu den Landesbühnen kann man laufen. Das ist eine hochgesegnete Gegend, die es zu entdecken gilt, weil sie so unglaublich schön ist.«

# SPORT & AKTIVITÄTEN

Dresden eröffnet als grüne Stadt am Fluss, die zusätzlich mit einem herrlichen Umland verwöhnt ist, zahlreiche Möglichkeiten zur aktiven Urlaubsgestaltung.

## AUF RÄDERN

Ein Klassiker bei Radfahrern ist der gut ausgeschilderte **Elberadweg**, der die Stadt auf rund 30 km durchquert. Besonders beliebt ist der Weg von Dresden aus in Richtung Südost. An Wochenenden muss man ihn sich allerdings auch mit zahlreichen Spaziergängern teilen. In Richtung Meißen ist die südliche Elbseite besser ausgebaut. Man kommt dabei durch das Ostragehege und an der wieder aufgebauten Gohliser Windmühle vorbei. Auf der nördlichen Elbseite führt der Weg ab Pieschen teilweise durch ein Gewerbegebiet, bevor man ab dem idyllischen Vorort Kaditz wieder an die Elbe kommt (www.elberadweg. de). › mehr S. 12 Punkt ❷ Beliebt sind auch die Touren durch die Dresdner Heide, die vom Fahrrad aus bei Weitem nicht so flach erscheint, wie es der Plan vermuten lässt.

Der ADFC gibt einen hervorragenden Fahrradstadtplan mit den besten Routen heraus, der im Buchhandel erhältlich ist.

Von Mai bis Oktober startet etwa jeweils jeden zweiten Freitag im Monat um 21 Uhr am Skatepark Lingnerallee (gegenüber dem Rathaus) das Dresdner **Nachtskaten** mit mehreren hundert Teilnehmern. Auf verschiedenen, insgesamt rund 20 km langen Touren geht es durch das Stadtgebiet (www. nachtskaten-dresden.de).

## IM & AUF DEM WASSER

Dresden hat nur wenige **Schwimmhallen**. Zentral, in der Nähe vom Hygiene-Museum, befindet sich das bei Kindern und Jugendlichen beliebte Georg-Arnhold-Bad 🔳 C4 mit angeschlossenem Freibad (Helmut-Schön-Allee 2, 01069 Dresden, Mo bis Do, Sa 10–22, Fr 10–23, So 10 bis 21 Uhr, Tel. 03 51/494 22 03, www. dresdner-baeder.de). Hingegen bevorzugen Schwimmer das 50-m-Becken der Schwimmhalle am Freiberger Platz 🔳 A3, nur 5 Minuten vom Zwinger entfernt (Freiberger Platz 1 a, 01067 Dresden, Tel. 03 51/488 16 90, Mo–Fr 10.30–13, Do/Fr auch 19–22, Sa/So 13 bis 18 Uhr). Die Neustadt besitzt mit dem Nordbad 🔳 D1 ein hübsches Schwimmbad aus der Zeit um 1900 mit modernem Saunabereich (Louisenstr. 48, 01099 Dresden, Tel. 03 51/803 23 60, Mo–Fr 14–21, Sa/So 10–19 Uhr, Sauna länger).

Im Sommer kann man sich in mehreren **Badeseen** abkühlen. Das Strandbad Wostra 🔳 c2 im Südosten Dresdens verfügt über einen FKK-Sandstrand und einen Badesee (Wilhelm-Weitling-Str. 39, 01259 Dresden, Tel. 03 51/201 32 38). In Richtung Meißen kann man im

Von Elberadweg und Elbwiesen lässt sich die Barockkulisse Dresdens gebührend bestaunen

Stausee von Cossebaude baden. Das wohl beste Wasser besitzt der Badesee in Birkwitz hinter Pillnitz (www.badesee-birkwitz.de). › mehr S. 12 Punkt ❸

In Leuben sind die **Wasserskianlage** und die Strandbar sehr beliebt (Pirnaer Landstr. 107, 01257 Dresden, www.cable-dresden.de).

Derzeit bieten zwei Veranstalter regelmäßige **Kanu- und Paddeltouren** unterschiedlicher Länge von der Sächsischen Schweiz bis nach Dresden an. Der Rücktransport der Boote ist im Preis inbegriffen: Kanu Dresden (An der Wostra 7, 01259 Dresden, Tel. 03 51/160 52 23, www.kanu-dresden.de) und Kanu Aktiv Tours (Schandauer Str. 17, 01824 Königstein, Tel. 03 50 21/59 99 60,

www.kanu-aktiv-tours.de). › mehr S. 13 Punkt ❼

Auf **Motorbootfahrten** hat sich Elbe Taxi spezialisiert (Blasewitzer Str. 41, 01307 Dresden, Tel. 03 51/417 24 24 40, www.elbe.taxi).

### FÜR JOGGER

Jogger finden in Dresden ideale Bedingungen: Von fast allen Hotels aus ist man schnell in der Natur. Eine beliebte Route führt beidseitig der Elbe am Elbradweg entlang. Man läuft über die Marienbrücke und je nach Kondition über die Albertbrücke (Rundweg ca. 5 km) oder das Blaue Wunder (ca. 10 km). Oder man dreht seine Runden einfach im Großen Garten oder in der Dresdner Heide.

# UNTERKUNFT

**Dresden verfügt über 25 000 Gästebettenin allen Segmenten. Die Stadt belegt im deutschlandweiten Vergleich von Preis-Leistungs-Verhältnissen regelmäßig einen Spitzenplatz.**

Buchungsportale heben immer wieder die besondere Qualität und hervorragende Bewertung der meisten Unterkünfte in Dresden hervor. Aufgrund der Geschichte des Wiederaufbaus der Stadt nach dem zweiten Weltkrieg und der Wende sind in der Altstadt fast ausschließlich Kettenhotels zu finden, die sich voneinander durch Design und Atmosphäre oftmals deutlich voneinander abheben. Privat geführte, kleinere Hotels und Pensionen sind eher in den Stadtteilen zu finden.

## LUXURIÖSE HOTELKLASSIKER

**The Westin Bellevue** €€€ 📖 B2
Dresdens erstes Luxushotel gab es bereits zu DDR-Zeiten. Der Blick ist, selbst vom Wellnessbereich, grandios. Im barocken Altbau gibt es außerdem ein feines Gourmetrestaurant.
- Große Meißner Str. 15
  01097 Dresden
  Tel. 03 51/80 50
  www.westin.com/bellevue

**Vienna House QF Dresden** €€€ 📖 B3
Der römische Architekt und Designer Lorenzo Bellini gestaltete die großzügigen, eleganten Zimmer hinter den barocken Fassaden. Besonders überzeugen das tolle Frühstücksangebot, das auch an Langschläfer und Eilige denkt.
- Neumarkt 1
  01067 Dresden
  Tel. 03 51/563 30 90
  www.qf-hotel.de

## ETWAS GANZ BESONDERES

**Penck Hotel** €€€ 📖 A2
Werke des in Dresden geborenen Malers und Bildhauers A. R. Penck schmücken Zimmer, Säle und Lobby des Designhotels. Sauna- und Fitnessbereich mit Aussicht über die Dächer Dresdens.
- Ostra-Allee 33
  01067 Dresden
  Tel. 03 51/492 20
  www.penckhoteldresden.de

**Schlosshotel Pillnitz** €€€ 📖 c3
Direkt am Schloss gelegenes Hotel mit exquisiter Küche. Wenn abends Ruhe einkehrt, wird es richtig romantisch.
- August-Böckstiegel-Str. 10
  01326 Dresden
  Tel. 03 51/261 40
  www.schlosshotel-pillnitz.de

## GEHOBENE MITTELKLASSE

**Hotel am Terrassenufer** €€ 📖 C3
Komfortables Hotel in einem umgebauten Plattenbau an der Brühlschen Terrasse an der Elbe mit wunderbarer Aussicht. Vorteilhaft ist außerdem die gute Anbindung an den öffentlichen Stadtverkehr.
- Terrassenufer 12
  01069 Dresden
  Tel. 03 51/440 95 00
  www.hotel-terrassenufer.de

Das Taschenbergpalais Kempinski empfängt seine Hotelgäste mit barockem Treppenhaus

**Hotel Martha** €€ 📱 C2
Zentrumsnahes 3-Sterne-Haus mit 50 hübschen Zimmern in einem Haus aus der Biedermeierzeit.
• Nieritzstr. 11 | 01097 Dresden
  Tel. 03 51/817 60
  www.hotel-martha-dresden.de

**ibis Dresden Zentrum** €€ 📱 B4
Die modernisierten Hotelblocks in der Fußgängerzone liegen nahe zum Hauptbahnhof verfügen über zweckmäßige Zimmer mit Klimaanlage. Fahrradverleih.
• Prager Str. 5 | 01069 Dresden
  Tel. 03 51/48 56 20 00
  www.accorhotels.com

**Star Inn Hotel Premium Dresden im Haus Altmarkt** €€ 📱 B3
3-Sterne-Hotel, das im Dezember einen schönen Blick auf den Striezelmarkt bietet, und zu jeder Jahreszeit der ideale Ausgangspunkt für Stadtbummel ist.
• Altmarkt 4 | 01067 Dresden
  Tel. 03 51/30 71 10
  www.starinnhotels.com

**The Student Hotel Dresden** €€ 📱 B4
Modern im Design und überwiegend englischsprachig zielt das Hotel neben der Centrum-Galerie auf internationales, junges und jung denkendes Publikum.
• Prager Str. 13 | 01069 Dresden
  Tel. 03 51/49 77 61 90
  www.thestudenthotel.com

## EIN BISSCHEN PREISWERTER

**Aparthotel Villa Freisleben** €€ 📱 G3
Während der Dresdenreise lässt es sich in dieser feinen Villa im noblen Vorort Blasewitz angenehm wohnen.
• Loschwitzer Str. 19 | 01309 Dresden
  Tel. 03 51/33 68 90
  www.villa-freisleben.de

**Privat** €€ 📱 E1
Das reine Nichtraucherhotel mit 30 Zimmern im Preußischen Viertel zwischen Äußerer Neustadt und Prießnitz, ist auf Allergiker und Asthmatiker eingerichtet.
• Forststr. 22 | 01099 Dresden
  Tel. 03 51/81 17 70
  www.das-nichtraucher-hotel.de

## DIE SCHÖNSTEN HOTELS

- **Taschenbergpalais Kempinski** €€€ 📕 B3
  Hinter der Fassade des barocken Taschenbergpalais haben bereits Barack Obama, Angela Merkel, und Robbie Williams genächtigt.
  Taschenberg 3 | 01067 Dresden Tel. 03 51/491 20
  www.kempinski-dresden.de

- **Bülow Residenz** €€€ 📕 C2
  Die 30 romantischen Zimmer im eleganten Barockbau nahe der Dreikönigskirche sind mit Dresdner Porzellan ausgestattet. Gäste können den Wellnessbereich im Bülow Palais nebenan nutzen.
  Rähnitzgasse 19 | 01067 Dresden Tel. 800 30
  www.buelow-hotels.de

- **Suitess Hotel Dresden** €€€ 📕 C3
  Biedermeier-Suiten in rekonstruierten barocken Bürgerhäusern. Spektakulär ist der Blick von der Wellnessterrasse zur Frauenkirche und über die Altstadt.
  An der Frauenkirche | 01067 Dresden | Tel. 03 51/41 72 70
  www.suitess-hotel.com

- **Villa Sorgenfrei** €€€ 📕 b2
  Das Hotelvilla liegt mitten in einem französischen Park reizvoll unterhalb der Radebeuler Weinberge. Die Zimmer sind im Stil des späten 18. Jhs. gestaltet.
  Augustusweg 48 | Radebeul Tel. 03 51/795 66 60
  www.hotel-villa-sorgenfrei.de

**Hotel Kipping** €€ 📕 B5
Stattliche Villa wenige Schritte hinter dem Hauptbahnhof.
- Winckelmannstr. 6
  01069 Dresden | Tel. 03 51/47 85 00
  www.hotel-kipping.de

## GÜNSTIGE ALTERNATIVEN

**Altbriesnitz** € 📕 b2
Gemütliche Pension in einem Dreiseithof 4 km westlich vom Zentrum.
- Alte Meißner Landstr. 26
  01157 Dresden | Tel. 03 51/42 39 00
  www.altbriesnitz.de

**Hofgarten 1824** € 📕 B2
Einfache und preiswerte Zimmer um einen historischen Innenhof. In Fußnähe zu Bahnhof Dresden-Neustadt und Barockviertel..
- Theresienstr. 5 | 01097 Dresden
  Tel. 03 51/250 28 28
  www.hofgarten1824.de

**Kangaroo Stop** € 📕 C1
Charmante Unterkunft mit Einzel-, Doppel- und Familienzimmern sowie Garten in der Äußeren Neustadt.
- Erna-Berger-Str. 8–10
  01097 Dresden | Tel. 03 51/314 34 55
  www.kangaroo-stop.de

**Lollis Homestay** € 📕 D1
Hilfe, ein Trabi im Zimmer! Das schräge Hostel im Szeneviertel ist eine gute Alternative für Radfahrer und Familien.
- Görlitzer Str. 34 | 01099 Dresden
  Tel. 03 51/810 84 58 | www.lollishome.de

**Mezcalero** € 📕 C1
Kreativ-mexikanischer Stil in einem Hinterhaus mitten in der Neustadt. Sowohl Doppel- als auch Familienzimmer und unterschiedlich große Apartments.

Die Villa Sorgenfrei verspricht entspannte Stunden und Nächte

• Königsbrücker Str. 64 | 01099 Dresden
  Tel. 03 51/81 07 70 | www.mezcalero.de

**Mondpalast** € 📖 D1
Haus mit vorwiegend jungen Gästen und internationalem Flair in der Äußeren Neustadt. Einzel- und Mehrbettzimmer.
• Louisenstr. 77 | 01099 Dresden
  Tel. 03 51/563 40 50
  www.mondpalast.de

## FERIENWOHNUNGEN
**Aparthotels an der Frauenkirche** €€–€€€ 📖 C3
Elf Ferienwohnungen in zentraler Lage am Neumarkt und in der Münzgasse.
• Münzgasse 10 | 01067 Dresden
  Tel. 03 51/438 11 11
  www.aparthotels-frauenkirche.de

**Aparthotel am Zwinger** €€ 📖 A2
Funktional eingerichtete Apartments unterschiedlicher Größe von 60 bis 120 m², jeweils mit Kochzeile ausgestattet, in zentraler, aber dennoch ruhiger Lage.
• Maxstr. 3–7 | 01067 Dresden
  Tel. 03 51/89 90 01 00
  www.aparthotel-zwinger.de

**City Ferienwohnungen Dresden** €–€€ 📖 C1
Vier liebevoll ausgestattete Ferienwohnungen mit einem idyllischen Stadtgarten und doch mitten im beliebten Szeneviertel Äußere Neustadt.
• Louisenstr. 11
  01099 Dresden
  Mobiltel. 01 79/522 82 14
  www.city-dresden.de

# ESSEN & TRINKEN

**Dresden erfreut sich – auch dank der Nähe zu Böhmen – einer hervorragenden regionalen Küche.**

Moritzburger Schweinsröllchen, Lausitzer Kümmelbraten auf Schmorkohl oder Dresdner Sauerbraten in Rosinensoße mit Apfelrotkohl – die Namen deftiger Gerichte lassen Genießerherzen höher schlagen. Beliebt ist auch Fisch, v. a. Karpfen aus sächsischen Teichen, zu dem ein trockener Elbtalwein ideal passt.

Wer es rustikal liebt, bestellt Schlachtplatte, Sülze, Hackepeter und Grützwurst (Blutwurst mit Getreidegrütze). Nicht zu vergessen ist die sächsische Kartoffelsuppe mit gebräunten Speckwürfeln, Majoran, Zwiebeln, Möhren und Kamenzer Würstchen. Dazu schmeckt ein frisches Bier, etwa ein Radeberger oder Freiberger Pilsener, das in Sachsen beliebte Schwarzbier aus Eibau in der Oberlausitz oder die Meissner Schwerter Bierspezialitäten.

Zum Kaffee, immer noch eine Art sächsisches Nationalgetränk, isst man Streuselkuchen, Zuckerkuchen oder die für Dresden typische Eierschecke (nicht -schnecke!), ein Quarkkuchen mit Rosinen und einer Decke aus Pudding, Eiern, Butter und Zucker. Was ein Dresdner Christstollen ist, muss man dagegen niemandem mehr erklären. Trotzdem schmeckt der hier vor Ort gekaufte Stollen noch immer am allerbesten.

Das traditionsreiche Café Toscana ist für seine Kuchenkreationen bekannt

## GOURMET

**Genuss-Atelier** €€€ 📖 E1

Mit einem Michelinstern ausgezeichnete raffinierte Küche aus regionalen und saisonalen Zutaten (Mo, Di geschl.).
• Bautzner Straße 149 | 01099 Dresden
  Tel. 03 51/25 02 83 37
  www.genuss-atelier.net

**Canaletto** €€ 📖 B2

Im barocken Altbau des Hotel Bellevue.
• Große Meißner Str. 15
  01097 Dresden
  Tel. 03 51/805 16 58
  www.westin-dresden.com

**Schöne Aussicht** €€ 📖 J3

Sächsisch inspirierte kreative Küche an der Bergstation der Schwebebahn.

- Krügerstr. 1
  01057 Dresden
  Tel. 03 51/26 66 72 70
  www.schoene-aussicht-dresden.de

## SÄCHSISCH DEFTIG

### Augustiner Dresden €€ 📕 C3

Bayerische und sächsische Küche in holz-
getäfelten urigen Räumen.

- An der Frauenkirche 16–17
  01067 Dresden
  Tel. 03 51/49 77 66 50
  www.augustiner-dresden.de

### Ballhaus Watzke €€ 📕 b2

Der ehemalige Tanzsaal mit Bühne und Es-
senstheke besticht durch sein schönes
Ambiente. Lecker: das naturtrübe Bier aus
der Hausbrauerei. Im Sommer ist der Biergarten mit Blick auf die Elbe eine beliebte
Adresse.

- Kötzschenbroder Str. 1
  01139 Dresden
  Tel. 03 51/85 29 20
  www.watzke.de

### Der Löwe €€ 📕 c1

Sächsische und bulgarische Küche. Das
künstlerische Ambiente der Innenausstat-
tung stammt noch aus DDR-Zeiten.

- Hauptstr. 48
  01097 Dresden
  Tel. 03 51/804 11 38
  www.derloewe.de

### Fischhaus Dresden €€ 📕 c3

Gehobene sächsische Küche in Lokal mit
über 400 Jahren Tradition, romantisch am
Waldrand, schöner Biergarten.

- Fischhausstr. 14
  01099 Dresden
  Tel. 03 51/89 91 00
  www.historisches-fischhaus.de

## DIE BESTEN RESTAURANTS

- **Alte Meister** €€€ 📕 B3
  Tagsüber elegantes Café, abends
  gehobenes Gourmetrestaurant. Me-
  diterrane und internationale Küche,
  umfangreiche Weinkarte.
  Theaterplatz 1a | 01067 Dresden
  Tel. 03 51/481 04 26
  www.altemeister.net
- **bean&beluga** €€€ 📕 J2
  Küche: ein Michelinstern. Räume:
  schlicht und hell. Ambiente:
  ungezwungen. Essen: großartig.
  Bautzner Landstr. 32
  01324 Dresden
  Tel. 03 51/44 00 88 00
  www.bean-and-beluga.de
- **Caroussel** €€€ 📕 C2
  Mit Michelinstern dekorierte
  Küche im Hotel Bülow Palais.
  Königstr. 14 | 01097 Dresden
  Tel. 03 51/800 30
  www.buelow-palais.de
- **Elements** €€€ 📕 b2
  Moderne Küche mit Michelinstern
  in der inspirierenden Atmosphäre
  eines ehemaligen Industrie-
  komplexes.
  Königsbrücker Straße 96
  01099 Dresden
  Tel. 03 51/272 16 96
  www.restaurant-elements.de
- **Restaurant Villandry** €€ 📕 C1
  Das schnörkellose Restaurant in
  der Neustadt ist bekannt für seine
  kreative Küche (So geschl.).
  Jordanstr. 8 | 01099 Dresden
  Tel. 03 51/899 67 24
  www.villandry.de

**Körnergarten** €€ 🍺 H3
Eine Loschwitzer Institution an der Elbe
beim Blauen Wunder. Hier kommt viel Fisch
und Geflügel auf den Tisch.
• Friedrich-Wieck-Str. 26
  01326 Dresden | Tel. 03 51/268 36 20
  www.koernergarten.de

**Pulverturm** €€ 🍺 C3
Romantik und regionale Küche im historischen Flair des Coselpalais-Kellers.
• An der Frauenkirche 12 a
  01067 Dresden | Tel. 03 51/26 26 00
  www.pulverturm-dresden.de

**Sächsisch Böhmisches Bierhaus »Alt-
marktkeller«** €€ 🍺 B3
Gemütlicher großer Bierkeller mit deftigen
Speisen. Freitags sorgt eine Blaskapelle für
Stimmung.
• Altmarkt 4 | 01067 Dresden
  Tel. 03 51/481 81 30
  www.altmarktkeller.de

**Sophienkeller** €€ 🍺 B3
Manchmal schaut August der Starke
höchstpersönlich in diesem Erlebnisrestaurant vorbei. > mehr S. 14 Punkt ⓰
• Taschenberg 3 | 01067 Dresden
  Tel. 03 51/49 72 60
  www.sophienkeller-dresden.de

## KNEIPEN
**Raskolnikoff** €€ 🍺 C1
Frische Küche und Wodka gibt's auch im
schönen Innenhof.
• Böhmische Str. 34 | 01099 Dresden
  03 51/Tel. 804 57 06
  www.raskolnikoff.de

**Bautzener Tor** € 🍺 C2
Neustadt Hell, Lenins Hanf oder Elbhang
Rot heißen die Biersorten der Neustädter

Hausbrauerei (www.obergaerig.de). > mehr
S. 14 Punkt ⓯
• Hoyerswerdaer Str. 37 | 01099 Dresden
  Tel. 03 51/803 82 02
  www.bautznertor.de

**Gerücht** € 🍺 c2
Kleine rustikale Laubegaster Schankwirt-
schaft mit herzhaften Speisen und hausge-
brautem Laubegaster Bier in einem alten
Gemäuer nahe der Elbe.
• Altlaubegast 5 | 01279 Dresden
  Tel. 03 51/251 34 25
  www.zum-geruecht.de

**Oma** € 🍺 b2
Essen wie bei Großmutter in der guten Stube. Im Stadtteil Cotta.
• Cossebauder Str. 15 | 01157 Dresden
  Tel. 03 51/422 20 66
  www.oma-opa.de

**Ostpol** € 🍺 C1
Dunkelbraune Sofas und Essmöbel vor bei-
gefarbener Tapete – so sah die DDR aus.
Dresdens einzige HO-Gaststätte ist Treff
für Ostalgiker und Fans von angeagen
Livekonzerten. So geschl.
• Königsbrücker Str. 47 | 01099 Dresden
  www.ostpol-dresden.de

**Planwirtschaft** € 🍺 C1
Gemütliche Bierkneipe, ausgestattet mit
Haushaltsgegenständen aus DDR-Zeiten.
Deftige Küche.
• Louisenstr. 20 | 01099 Dresden
  Tel. 03 51/801 31 87
  www.planwirtschaft.de

## CAFÉS
**Café Blumenau** €€ 🍺 D1
Sehen und gesehen werden heißt es in die-
sem modernen Café, vor dem das Neu-

Bei Raskolnikoff in der Neustadt lässt sich mit Glück ein lauschiges Plätzchen finden

stadt-Leben wie auf einer Theaterbühne vorbeizieht.
• Louisenstr. 67 | 01099 Dresden
Tel. 03 51/802 65 02
www.cafe-blumenau.de

**Café Felicitas** € 📕 B3
Das liebevoll eingerichtete Café ist ganz der Schokolade gewidmet. Man kann auch bei der Produktion zuschauen oder eigene Kreationen herstellen.
• Frauenstr. 9 | 01067 Dresden
Tel. 03 51/821 22 81
www.confiserie-felicitas.de

**Café Toscana** € 📕 H3
Im Jahr 1906 eröffnet, trägt dieses Blasewitzer Traditionscafé den Namen der skandalträchtigen Großherzogin Luise von Toscana. Eine köstliche Kalorienbombe unter den hausgemachten Spezialitäten ist die Toscana-Torte.

• Schillerplatz 7 | 01309 Dresden
Tel. 03 51/310 07 44
www.cafe-eisold.de

**Lloyd's Café & Bar** €€ 📕 D1
Genießen und Gutes tun: Das von der Evangelischen Behindertenhilfe Dresden und Umland gGmbH betriebene Café ist das wohl gemütlichste in der Neustadt.
• Martin-Luther-Straße 17
01099 Dresden
Tel. 03 51/501 87 74
www.lloyds-cafe-bar.de

## BIERGÄRTEN
**Schillergarten** €€ 📕 H3
Hier ließ sich schon der berühmte Dichter Friedrich Schiller sein Bier schmecken. Vom Gasthaus und dem großen Biergarten aus genießt man außerdem einen herrlichen Blick auf die Elbe, das Blaue Wunder und die Loschwitzer Hänge.

- Schillerplatz 9 | 01309 Dresden
  Tel. 03 51/811 99 22
  www.schillergarten.de

**Fährgarten** € 🍺 E2
Uriger Biergarten direkt am Fähranleger
Neustadt Johannstadt mit herrlichem Blick

auf die Elbe. Vom historischen Zentrum gut
zu Fuß oder per Fahrrad auf dem Elberadweg erreichbar. Kinderspielplatz gegenüber.

- Käthe-Kollwitz-Ufer 23b
  01307 Dresden | Tel. 03 51/459 62 62
  www.faehrgarten.de

# SHOPPING

**Die Elbestadt wird in puncto Shopping immer attraktiver. Erste Adressen
sind die Prager Straße mit der Centrum-Galerie, die Altmarktgalerie
mit über 200 Geschäften oder die Wilsdruffer Straße.**

Unter den Einkaufspassagen ist das **QF** am Neumarkt die exklusivste: Neben
der Tourist-Info oder dem Silberwarengeschäft Argentum sind hier auch
die renommierten Glashütter Hersteller von Luxusuhren Lange & Söhne
und Glashütte Original aber auch die Meissner Porzellanmanufaktur mit
ihren Firmenverkaufsstellen vertreten. Wer etwas Besonderes sucht, wird in
der Neustadt fündig: in interessanten Läden in der Hauptstraße, anspruchs-
vollen in der Königstraße und schrillen um die Alaun- und Görlitzer Straße.

Typische Mitbringsel sind erzgebirgische Schnitzereien, Wein aus dem
Elbtal, Pulsnitzer Pfefferkuchen, Dresdner Christstollen sowie Dresdner
und Meissener Porzellan.

Beim Elbeflohmarkt wechselt mancher Trödelschatz seinen Besitzer

Die Geschäfte der Altstadt schließen unter der Woche meist zwischen 20 und 21 Uhr, in der Neustadt um 19 oder 20 Uhr. Am Sonntag sind nur wenige ausgewählte Läden rund um den Neumarkt sowie die in den beiden großen Bahnhöfen geöffnet.

## ANTIQUITÄTEN

**Antiquitäten am Goldenen Reiter** 📖 C2
Maritta Schuster verkauft historisches Meissener Porzellan, Glas, altes Spielzeug und Leinen.
- Hauptstr. 17/19 | 01097 Dresden
  Tel. 03 51/803 07 40
  www.antiquitaeten-goldenerreiter.de

**Elbeflohmarkt** 📖 D2
Hier kann man neben hochwertigen Antiquitäten noch echten Trödel privater Verkäufer durchstöbern (Sa 8–16 Uhr).
- Käthe-Kollwitz-Ufer (Albertbrücke)
  01067 Dresden

**Kunsthandlung Kühne** 📖 J1
Kunst aus Dresden und anderswo von Barock bis zur Gegenwart.
- Plattleite 68 | 01324 Dresden
  Tel. 03 51/267 90 64
  www.kunsthandlung-kuehne.de

## BÜCHER

**Büchers Best** 📖 C1
Regelmäßig Lesungen und Konzerte in familiärer Buchhandlung.
- Louisenstr. 37
  01099 Dresden
  Tel. 03 51/801 50 87
  www.buechersbest.de

**Leselust** 📖 C2
Hier gibt es auch eine Auswahl erotischer Literatur und Fotografien.
- Hauptstr. 11 | 01097 Dresden
  Tel. 03 51/404 50 46
  www.leselust-dresden.de

**Shakespeares Enkel** 📖 b2
Diese Verlagsbuchhandlung hat sich auf das Angebot kleiner und unabhängiger Publizisten spezialisiert.
- Weimarische Str. 7
  01127 Dresden
  Tel. 03 51/500 08 40

## KUNST & KUNSTGEWERBE

**Galerie Holger John** 📖 C2
Regionale und internationale Künstler des 20. und 21. Jh.
- Rähnitzgasse 17 | 01097 Dresden
  Mobiltel. 01 62/477 27 39
  www.galerie-holgerjohn.com

**Galerie Himmel** 📖 C2
Antiquitäten und Kunst – vor allem aus Dresden, Leipzig, Chemnitz, Berlin.
- Obergraben 8 | 01097 Dresden
  Tel. 03 51/484 35 78
  www.galerie-himmel.de

**Galerie Finckenstein** 📖 C2
Dresdner Kunst der 1920er- und 1930er-Jahre, die im Dritten Reich als »entartet« verfemt war (Mo geschl.).
- Obergraben 8a | 01097 Dresden
  Tel. 03 51/268 38 35
  www.galerie-finckenstein.de

**Keramik am Körnerplatz** 📖 J3
Keramik aus Dresdner Werkstätten und der ganzen Welt (Mo geschl.).
- Friedrich-Wieck-Str. 7
  01326 Dresden
  Tel. 03 51/267 91 78
  www.keramik-am-koernerplatz.de

**Keramik Katarina Gnauck** 🔖 D1
Goldene Krönchen sind das Markenzeichen
von Katarina Gnauck (Mo geschl.).
• Rothenburger Str. 38
  01099 Dresden | Tel. 03 51/801 34 81
  www.kronenkeramik.de

## MODE
**Prüssing & Köll** 🔖 C2
Edler Herrenausstatter.
• Heinrichstr. 5 | 01097 Dresden
  Tel. 03 51/810 46 46
  www.pruessingundkoell.de

## MUSIK
**Opus 61** 🔖 B3
Beste Auswahl an Klassik und Jazz.
• Bautzner Str. 6 | 01099 Dresden
  www.opus61-dresden.de

**Zentralorgan** 🔖 C1
Secondhand- und Ostrock-Platten.
• Louisenstr. 22 | 01099 Dresden
  Tel. 03 51/801 00 75
  www.zentralorgan.de

## PORZELLAN
**Meissener Porzellan am Fürstenzug** 🔖 B3
Hier kann man das berühmte Porzellan er-
werben. Sonderangebote gibt es im Meissen Outlet (Neumarkt, gegenüber Frauenkirche). > mehr S. 18 Punkt **40**
• An der Frauenkirche 5 | 01067 Dresden
  Tel. 03 51/864 29 64 | www.meissen.com

**Sächsische Porzellanmanufaktur Dresden**
1872 gegründetes Unternehmen.
**Verkauf** 🔖 C3
• Hotel Taschenbergpalais Kempinski
  Taschenberg 3 | 01067 Dresden
  **Manufaktur-Shop** 🔖 b3
• Carl-Thieme-Str. 16 | 01705 Freital
  www.dresdner-porzellan.de

## SCHMUCK
**Juwelier Leicht** 🔖 B3
Hochwertiger Markenschmuck und Repli-
ken aus dem Grünen Gewölbe.
• Sophienstraße (Taschenbergpalais) und
  An der Frauenkirche 3
  01067 Dresden | Tel. 03 51/490 05 88
  www.leicht-jewellery.com

**Navajo** 🔖 C1
Silberschmuck aus aller Welt.
• Rothenburger Str. 43 | 01099 Dresden
  Tel. 03 51/804 59 38
  www.navajo-schmuck.de

## SPEZIELLES AUS DER REGION
**Erste Dresdner Spezialitätenbrennerei
Augustus Rex** 🔖 b2
Destillate aus seltenen Obstsorten.
• Schlossallee 3 | 01468 Moritzburg
  Tel. 03 52 07/99 84 70
  www.augustus-rex.com

**Sächsische Vinothek** 🔖 C3
Beste Auswahl an sächsischen Weinen.
> mehr S. 17 Punkt **36**
• Salzgasse 2 | 01067 Dresden
  Tel. 03 51/484 52 00
  www.saechsische-vinothek.de

## UHREN AUS SACHSEN
Die beiden großen sächsischen Luxusuh-
renhersteller haben ihre Flagship-Stores
am Neumarkt.
**A. Lange & Söhne Boutique Dresden**
• Neumarkt 15 | 01067 Dresden
  Tel. 03 51/48 18 50 50
  www.alange-soehne.com

**Glashütte Original Boutique Dresden**
• Töpferstr. 4 | 01067 Dresden
  Tel. 03 51/82 12 59 70
  www.glashuette-original.com

# AM ABEND

**Dresden hat hinsichtlich Kultur- und Nachtleben manches zu bieten. In den Straßen der Äußeren Neustadt herrscht um 1 Uhr nachts ebenso viel Betrieb wie am Samstagvormittag auf dem Altmarkt. Vor 3 Uhr schließt hier kaum eine Kneipe, eine Sperrstunde gibt es nicht.**

Hinzu kommt ein vielfältiges kulturelles Angebot. Wer keine Karten für die Semperoper reserviert hat, kann sein Glück noch an der Abendkasse versuchen – oder einen Blick auf den Spielplan der vielen Theater, Kabaretts und Kleinkunstbühnen werfen, die selten ausgebucht sind.

Im Sommer finden die »Filmnächte am Elbufer« (auch mit Popkonzerten) sowie der Palaissommer statt. Klassikfreunde können sich auf die stimmungsvollen Serenadenabende im Zwinger freuen › S. 70.

## KARTENSERVICE

Es gibt Vorverkaufsstellen u. a. am Kulturpalast, bei der Sächsischen Zeitung in der Altmarktgalerie oder in der Ostra-Allee 20.

## MUSIKTHEATER & KONZERTE

### Dresdner Philharmonie 🏛 B3
Meist Sa/So wird der Neue Konzertsaal im Kulturpalast am Altmarkt bespielt.
- Schlossstr. 2 | 01067 Dresden
  Tel. 03 51/486 68 66
  www.dresdnerphilharmonie.de

### Frauenkirche 🏛 C3
Diverse Ensembles und Solisten der Frauenkirche und Gäste, sowie Orgelkonzerte.
- Neumarkt | 01067 Dresden
  Tel. 03 51/65 60 67 01
  www.frauenkirche-dresden.de

### Landesbühne Sachsen 🏛 b2
Oper, Operette, Musical, Ballett, Konzert und Schauspiel. Mai–Sept. auch Open Air auf der grandiosen Felsenbühne Rathen.
- Meißner Landstr. 152 | 01445 Radebeul
  Tel. 03 51/895 42 14
  www.landesbuehnen-sachsen.de

### Sächsische Staatsoper 🏛 B3
Eines der bekanntesten Opernhäuser der Welt. Ballettdirektor Aaron Watkins gibt seiner Sparte modernes Gepräge. Außerdem Konzerte der Staatskapelle.
- Theaterplatz 2 | 01067 Dresden
  Tel. 03 51/491 17 05 | www.semperoper.de

### Staatsoperette Dresden 🏛 A3
Operetten und Musicals im Heizkraftwerk.
- Wettiner Platz 1 | 01067 Dresden
  Tel. 03 51/32 04 22 22
  www.staatsoperette.de

## THEATER & KABARETT

### August Theater 🏛 b2
Puppentheater im alten Rathaus Pieschen.
- Bürgerstr. 63 | 01127 Dresden
  Tel. 03 51/32 37 15 28
  www.august-theater.de

### Boulevardtheater Dresden 🏛 A3
Von Comedy über Musical und Volkstheater bis Ballett reicht die Bandbreite.
- Maternistr. 17 | 01067 Dresden
  Tel. 03 51/26 35 35 26
  www.boulevardtheater.de

**Dresdner Friedrichstatt Palast** ▉ A3
Das ehemalige Kabarett Breschke & Schuch
steht für geistvolle, witzige Unterhaltung.
- Wettiner Platz 10 | 01067 Dresden
  Tel. 03 51/490 40 09
  www.dresdner-friedrichstatt-palast.de

**Carte Blanche/Zoras Welt** ▉ D1
Im Travestie-Revue-Theater präsentieren
sich die Schönen der Nacht (Mi–So).
- Prießnitzstr. 10 | 01099 Dresden
  Tel. 03 51/20 47 20
  www.carte-blanche-dresden.de

**Comödie Dresden** ▉ A3
Unbeschwert heitere und manchmal auch
leicht schlüpfrige Abendunterhaltung.
- Freiberger Str. 39 | 01067 Dresden
  Tel. 03 51/86 64 10
  www.comoedie-dresden.de

**Dresdner Comedy & Theater Club** ▉ C2
Kabarett und Dinnershows im schönen Ge-
wölbekeller des Kügelgenhaus.
- Hauptstr. 13 | 01097 Dresden
  Tel. 03 51/464 48 77
  www.comedytheaterclub-dresden.de

**Festspielhaus Hellerau** ▉ b2
Zeitgenössische Musik und moderner Tanz
der Frankfurt Dresden Dance Company.
- Karl-Liebknecht-Str. 56 | 01109 Dresden-
  Tel. 03 51/862 73 90 | www.hellerau.org

**Die Herkuleskeule** ▉ B3
Bekanntes politisch-satirisches Kabarett.
- Schlossstr. 2 (Kulturpalast)
  01067 Dresden | Tel. 03 51/492 55 55
  www.herkuleskeule.net

**projekttheater dresden** ▉ C1
Off-Theater in der Neustadt mit spannen-
den, provokanten Inszenierungen.

- Louisenstr. 47 | 01099 Dresden
  Tel. 03 51/810 76 00
  www.projekttheater.de

**Sarrasani Trocadero** ▉ B4
André Sarrasani präsentiert internationale
Künstler bei Dinner- und Varieté-Shows
(Nov.–Febr. Mi–So).
- Elbepark Mickten | 01069 Dresden
  Tel. 03 51/646 50 56 | www.sarrasani.de

**Societätstheater** ▉ C2
Gastspiele und Eigenproduktionen im familiären Rahmen des ältesten Dresdner Thea-
tergebäudes.
- An der Dreikönigskirche 1 a
  01097 Dresden | Tel. 03 51/803 68 10
  www.societaetstheater.de

**Staatsschauspiel**
Klassiker und Uraufführungen im festlichen Jugendstilsaal oder im kleinen Haus.
- Theaterstr. 2 | 01067 Dresden ▉ B3
- Glacisstr. 28 | 01099 Dresden ▉ C2
  Tel. 03 51/491 35 55 (Kartenverkauf)
  www.staatsschauspiel-dresden.de

**Theaterkahn** ▉ B3
Kabarett, Musik und Literatur.
- Terrassenufer an der Augustusbrücke
  01067 Dresden | Tel. 03 51/496 94 50
  www.theaterkahn-dresden.de

## BARS
**Blue Note** ▉ D1
Kneipe mit Livemusik – Blues, Jazz, Rock
'n' Roll (tgl. ab 20 Uhr).
- Görlitzer Str. 2 b | 01099 Dresden
  Tel. 03 51/801 42 75
  www.jazzdepartment.com

**Frank's Bar** ▉ D1
Eine Institution im Nachtleben.

Beim SemperOpernball werden die Debütanten gefeiert, wie sonst Sänger und Musiker

- Alaunstr. 80 | 01099 Dresden
  Tel. 03 51/65 88 83 80
  www.franksbar.de

### Jazz Club Neue Tonne  C3
Dresdens beste Jazzadresse in den Gewölben des Kurländer Palais.
- Tzschirnerplatz 3-5 | 01067 Dresden
  Tel. 03 51/802 60 17
  www.jazzclubtonne.de

### Karl May Bar  B3
Im gediegenen Ambiente des Taschenbergpalais Kempinski werden Drinks gemixt und fast 100 Whiskeysorten gereicht (Happy Hour tgl. 18–20 Uhr).
- Am Taschenberg 3 | 01067 Dresden
  Tel. 03 51/491 27 20
  www.kempinski.com

### Only One  D1
Essbare Cocktails? Dresdens erste Molekularbar macht es möglich (Fr/Sa ab 20 Uhr).
- Alaunstr. 83 | 01099 Dresden

Mobiltel. 015 22/256 72 78
www.dresden-onlyone.de

### Pinta Cocktailbar Dresden  D1
Seit über 20 Jahren eine Institution. Urige Atmosphäre, Raucherbereich.
- Louisenstr. 49 | 01099 Dresden
  Tel. 03 51/810 67 61
  www.pinta-cocktails.de

### Studio Bar  D1
Die besten Cocktails der Stadt , auch für Raucher (ab 19 Uhr).
- Görlitzer Str. 1 | 01099 Dresden
  Tel. 03 51/796 71 37
  www.goerlitzerplatz.de

### LGBT
Überschaubare Szene in der Neustadt.
### Boys Bar  D1
Angenehme Bar mit kleiner Tanzfläche.
- Alaunstr. 80 | 01099 Dresden
  Tel. 03 51/563 36 30
  www.boys-dresden.de

#  FEIERN OHNE ENDE

Wie überall wechselt die Partygemeinde auch in Dresden ihre Lieblingstreffs häufig. Einige Klubs haben seit Jahren ein treues Publikum. Was wo los ist, erfährt man in den Stadtmagazinen Sax, Blitz und Dresdner oder unter www.dresdennightlife.de

Der **Blaue Salon** im altehrwürdigen Parkhotel Weißer Hirsch beherbergt auch die kultige Kakadu-Bar. Nicht weit entfernt, in den Gewölben der ehemaligen Waldschlösschenbrauerei treffen sich im **Arteum** die Schönen der Stadt bei Latin-House-Musik. Auch im Studentenklub **Bärenzwinger** im alten Gewölbe unter der Brühlschen Ter-

rasse stehen regelmäßig Partys auf dem Programm. Von hier sind es nur wenige Schritte zum **Blue** neben der Altmarktgalerie, wo sich die mittlere Generation wohlfühlt. Studenten schätzen die **Club Mensa** im Univiertel, junge Berufstätige den **Gisela.Club** in Löbtau und beide **Rosis Amüsierlokal** am Rand der Neustadt.

- **Blauer Salon** 📕 J1
  Bautzner Landstr. 7 | 01324 Dresden
  Tel. 03 51/484 87 99
  www.blauersalon.com
- **Arteum** 📕 E1
  Am Brauhaus 3 | 01099 Dresden
  Tel. 03 51/215 27 79 99
  www.arteum.de

Zur Bunten Republik Neustadt, kurz BRN, spielen Tag und Nacht auch internationale Bands

- **Bärenzwinger**  C3
  Brühlscher Garten 1 | 01067 Dresden
  Tel. 03 51/495 14 09
  www.baerenzwinger.de
- **Blue** C3
  Wallstr. 11 | 01069 Dresden
  Tel. 03 51/802 00 66
  www.blue-dresden.de
- **Club Mensa** B5
  Reichenbachstr. 1 | 01069 Dresden
  Tel. 03 51/462 26 20
  www.clubmensa.de
- **Gisela.Club** b2
  Löbtauer Str. 80 | 01157 Dresden
  Tel. 03 51/802 00 66
  www.gisela.club
- **Rosis Amüsierlokal** C1
  Eschenstr. 11/Ecke Dammweg
  01097 Dresden | Tel. 03 51/500 53 05
  www.facebook.com/rocknrosi

Die Szene ist in der Neustadt zu Hause

## WORK HARD, PARTY HARDER

**Straße E** heißt der Szenetreff auf dem Industriegelände in der Werner-Hartmann-Straße, ein Kulminationspunkt der Dresdner Partykultur: Hier finden Konzerte und Partys verschiedener Stilrichtungen – von Hip-Hop, Techno und EBM bis zu Industrial, Dark Wave und Independent – aber auch Kunstausstellungen statt.

- **Kulturzentrum Straße E** b2
  Werner-Hartmann-Str. 2 | 01099 Dresden
  Tel. 03 51/213 85 30 | www.strasse-e.de

## UNTER FREIEM HIMMEL

Im Sommer zieht es die Partymacher an die schönsten Plätze im Freien. Im Biergarten **Elbsegler** des Hotels Bellevue › S. 30 chillt man mit herrlichem Blick auf die Altstadt bei Downbeats im Liegestuhl oder im Whirlpool. Tagsüber Beachvolleyball spielen oder auf der Liege mit Elbblick entspannen und abends feiern kann man am **City Beach** im karibischen Stil.

- **City Beach** A1
  Leipziger Str. 31 | 01097 Dresden
  www.citybeachdresden.de

## GROSSE PARTY-EVENTS

Anfang Mai feiern über 20 Klubs und Lokale die **Kneipennacht Dresdner Neustadt** (www.dd-inside.de). Im Juni dröhnen bei der **Bunten Republik** Technoklänge und Karibikrhythmen durch die Neustadt – tagsüber familiäres Straßenfest, abends eine Megaparty (www.brn-dresden.de). Schloss Albrechtsberg feiert im Juli die **Schlössernacht** mit Dancefloor auf der Wasserbühne und Großfeuerwerk über der Elbe (www.dresdner-schloessernacht.de).

Beim Stadtfest im August warten die Neugierigen am Elbufer auf die alljährliche Dampferparade

# LAND & LEUTE

# STECKBRIEF

- **Fläche:** 328,3 km², davon 56 % Grün- oder Erholungsflächen
- **Bevölkerung:** 557 000 Einwohner (1999: 477 000), davon 7,4 % Ausländer, 20 % religiös (14,4 % evangelisch, 4,8 % katholisch, 0,7 % muslimisch, 0,1 % jüdisch) und 7,2 % Arbeitslose (2016).
- **Verwaltung:** 10 Ortsämter, 9 Ortschaften. Die stärkste Fraktion stellt seit 2004 die CDU, gefolgt von der DIE LINKE. Oberbürgermeister ist seit 2015 Dirk Hilbert (FDP).

- **Partnerstädte:** insgesamt zwölf, darunter Breslau, Coventry, Florenz, Hangzhou, Skopje, St. Petersburg, Salzburg, Straßburg, Rotterdam.

## ATTRAKTIVE LAGE

Dresden ist die Landeshauptstadt des Freistaates Sachsen. Die östlichste deutsche Großstadt liegt geschützt in einem Talkessel an der Elbe. Der Fluss, der sich von Südosten nach Nordwesten 30 km lang in vier weiten Bögen durch das Dresdner Tal windet, wurde hier nie kanalisiert und ist an manchen Stellen bis zu 120 m breit. Seine weitläufigen Uferwiesen sind heute ein Dorado für Spaziergänger und Radler.

Am linken Ufer liegt die Altstadt mit ihrer berühmten Silhouette; rechts – hinter den Häusern der Neustadt – hat die Natur das Wort. Die sonnenverwöhnten Hänge des Dresdner Elbtals vom Ortskern Söbrigen bei Pillnitz bis zum Schloss Übigau bringen seit Jahrhunderten auch gute Weine hervor.

## DRESDENS UMGEBUNG

Durch ihre reizvolle Umgebung besitzt die Stadt einen hohen Freizeitwert und bietet sich als Ausgangspunkt für Tagesausflüge an: Ein Stück elbaufwärts streben die bizarren Felsen des Elbsandsteingebirges empor, auch Sächsische Schweiz genannt. Sie laden zum Klettern und Wandern ein. Nur eine gute halbe Autostunde südlich der Stadt erheben sich die Kuppen des Erzgebirges, u.a. ein beliebtes Wintersportgebiet. Im Südwesten lockt der Tharandter Wald Spaziergänger und vor allem Pilzsucher. Die waldreiche Teichlandschaft von Moritzburg, kurz hinter der nördlichen Stadtgrenze, war einst das Jagdrevier Augusts des Starken.

Richtung Radeberg erstreckt sich Dresdens größtes Naherholungsgebiet, die Dresdner Heide, ein ausgedehnter Mischwald. Weiter nordöstlich folgen die Ausläufer des Lausitzer Berg- und Hügellandes.

## STARKE WIRTSCHAFT MIT TRADITION

Dresden zählt heute zu den wirtschaftlichen »Leuchttürmen« im Osten Deutschlands, blickt aber auch auf eine lange Tradition. Dank des Bergbaus im Erzgebirge, der von den Wettinern mit der Gründung der Bergakademie Freiberg (1765) gefördert wurde, war Sachsen im 19. Jh. die am weitesten entwickelte deutsche Industrieregion. 1828 baute der Ingenieur Andreas Schubert mit der »Saxonia« die erste deutsche Dampflokomotive und 1839 fuhr zwischen Dresden und Leipzig auch die erste Fernbahn.

1872 wurde die Dresdner Bank gegründet, die aber schon 1885 nach Berlin zog. Ende des 19. Jhs. wurde der Unternehmer Karl August Lingner mit dem Mundwasser »Odol« reich und bekannt; 1910 gründete er das Sächsische Serumwerk, das unter dem Namen GSK Bio Dresden noch heute den Pharmastandort Dresden stärkt. Nach 1945 wurden die meisten Betriebe verstaatlicht und Dresden zum Wissenschafts- und Hightech-Zentrum ausgebaut. Ein Beispiel ist Robotron, das 1988 den ersten Megabit-Computerchip des Ostblocks entwickelte. Außerdem war Dresden ein wichtiger Standort der Lebensmittelindustrie. So wurde hier 1839 die erste Schokoladentafel produziert. Und nach wie vor gehören die Süßwaren und Stollen zu den bedeutenden Exportschlagern der Sachsenmetropole Dresden.

## NEUE WEGE

Nach 1989 gingen der Stadt zunächst etwa 75 000 Arbeitsplätze verloren. Die Wende kam nach 1995 mit den Hightech-Fabriken der Chiphersteller Infineon und AMD, die nicht zuletzt dank Investitionen in Milliardenhöhe weitere Zulieferbetriebe nach Dresden lockten. Silicon Saxony nannte man stolz das große Industriegebiet in Dresdens Norden in Anlehnung an das berühmte Silicon Valley in den USA. Doch nicht nur für Chiphersteller ist Dresden ein attraktiver Standort: VW montiert seit 2001 in der Gläsernen Manufaktur. Im Stadtteil Hellerau hat das Verlagshaus Gruner & Jahr eine der modernsten Druckereien Europas errichtet. Auch andere Bereiche der Nanotechnologie sowie der Bio- und Informationstechnik haben sich erfreulich entwickelt. Ein Grund sind die zahlreichen Forschungseinrichtungen, darunter zwölf Hochschulen, zwölf Fraunhofer-, vier Leibnitz- und drei Max-Planck-Institute. Sie stärken auch Dresdens Rolle als wichtiger Kongressstandort. Eine immer größere Rolle als Arbeitgeber spielen neben der öffentlichen Verwaltung, der Kultur, der Universität und den Kliniken auch kleine und mittelständische Betriebe. Mode, Design, Werbebranche, aber auch klassisches Handwerk und technische Zulieferbetriebe stehen für die Wirtschaftskraft der Stadt.

# GESCHICHTE IM ÜBERBLICK

**6. Jh.** An einer Elbefurt entsteht das slawische Fischerdorf Drezdany (»Sumpfwaldbewohner«).

**929** König Heinrich I. lässt in Meißen eine Burg bauen. Von dort wird das Land östlich der Elbe christianisiert.

**1089** Die Wettiner erhalten die Markgrafschaft Meißen als Lehen. Die wettinische Herrschaft dauert bis 1918.

**1206** Dresden wird erstmals urkundlich erwähnt.

**1485** Leipziger Teilung: Die Wettiner teilen ihren Besitz in eine ernestinische und eine albertinische Linie. Herzog Albrecht macht Dresden zu seiner Residenz.

**1539** Die Reformation wird in Dresden eingeführt.

**1547** Durch den Sieg im Schmalkaldischen Krieg erringt Herzog Moritz die Kurwürde. Dresden wird Haupt- und Residenzstadt des Kurfürstentums Sachsen.

**1694** Friedrich August I., »August der Starke«, wird Kurfürst von Sachsen. Er betreibt den Ausbau der Kunstsammlungen, die seine Vorgänger angelegt hatten.

**1697** August der Starke tritt zum Katholizismus über und wird als August II. König von Polen.

**1707–1708** Johann F. Böttger und Ehrenfried von Tschirnhaus entwickeln das europäische Porzellan.

**1756–1763** Im Siebenjährigen Krieg erobert Preußen auch Dresden. Dresden wird zur Hälfte zerstört.

**1806** Französische Truppen besetzen die Stadt. Sachsen tritt dem Rheinbund bei und wird Königreich unter dem Protektorat Napoleons.

**1813** Völkerschlacht bei Leipzig. Die Franzosen und die mit ihnen verbündeten sächsischen Truppen kapitulieren.

**1815** Neuordnung Europas auf dem Wiener Kongress. Sachsen verliert die nördliche Hälfte seines Territoriums an Preußen. Dresden bleibt königliche Residenzstadt.

**1828** Die Technische Bildungsanstalt eröffnet; aus ihr geht die Technische Universität hervor.

**1839** Erste deutsche Fernbahnlinie zwischen Dresden und Leipzig.

**1849** Im Mai kämpfen bewaffnete Aufständische für eine bürgerliche Regierung. Preußische und sächsische Truppen schlagen den Dresdner Maiaufstand nieder.

**1866** Sachsen verliert mit Österreich den Krieg gegen Preußen und wird 1871 Teil des Deutschen Reichs. Es folgt ein großer Wirtschaftsaufschwung.

**1918** Der letzte sächsische König, Friedrich August III., dankt in der Novemberrevolution ab.

**1920** Dresden wird Hauptstadt des demokratischen Freistaats Sachsen.

**1933** Der Dresdner Oberbürgermeister Dr. Wilhelm Külz (SPD) wird von den Nationalsozialisten abgesetzt.

**1935** Der Flughafen in Dresden-Klotzsche wird eröffnet.

**1938** Bei den Novemberprogromen brennt Sempers Synagoge ab.
**1945** Am 13./14. Februar zerstören englische und amerikanische Bomber die Innenstadt. Rund 25 000 Menschen sterben, 12 km² der Stadtfläche liegen in Ruinen.
**1952** Das Land Sachsen wird von der DDR-Regierung in drei Bezirke aufgelöst. Dresden wird zur Bezirkshauptstadt herabgestuft.
**1955–1985** Am 13. Februar 1955 wird die wieder aufgebaute Kreuzkirche neu geweiht. 1965 ist der Zwinger fertig restauriert. Die Semperoper wird 1985 mit Webers »Freischütz« wiedereröffnet.
**1989** In der Nacht des 3./4. Oktober passieren Züge mit den DDR-Flüchtlingen aus der BRD-Botschaft in Prag den Dresdner Hauptbahnhof. Ausschreitungen und friedliche Demonstrationen führen zur »Wende«.
**1990** Erste freie Kommunalwahlen seit 1949. Dresden ist wieder die Hauptstadt des Freistaats Sachsen.
**1994** Siemens baut das seinerzeit modernste Computerchipwerk Europas.
**2001** Einweihung der neuen Synagoge.
**2002** Die Jahrhundertflut im August richtet große Schäden an.
**2005** Weihe der Frauenkirche nach 13 Jahren des Wiederaufbaus.
**2006** 800-jähriges Stadtjubiläum, Eröffnung des Historischen Grünen Gewölbes.
**2009** Aufgrund des Baus der Waldschlösschenbrücke verliert Dresden den 2004 errungenen UNESCO-Welterbestatus.

Blick in das Eckkabinett des Historischen Grünen Gewölbes

**2011** Eröffnung des Militärhistorischen Museums der Bundeswehr.
**2013** Eröffnung der Waldschlösschenbrücke. Ein erneutes Jahrhunderthochwasser überflutet viele Außenbezirke. Aber der neue Flutschutz der Altstadt funktioniert.
**2015** Die Pegida-Bewegung demonstriert regelmäßig in der Stadt gegen Flüchtlinge. Der vorher boomende Tourismus bricht vorübergehend ein.
**2016/2017** Dresden eröffnet innerhalb eines halben Jahres drei neue Spielstätten mit 8 Bühnen.
**2019** Mit der Bebauung an der Westseite des Neumarkts wird der jahrzehntelange Wiederaufbau des zentralen Platzes in der Altstadt endlich abgeschlossen.

# NATUR & UMWELT

## FLORA & FAUNA

Die Wasserqualität der Elbe hat sich nach der Schließung vieler veralteter Fabriken erheblich verbessert. Die Belastung der Fische – Zander, Hechte, Kaulbarsche, Aale u. a. – mit Schwermetallen und anderen Schadstoffen ist ebenfalls zurückgegangen. Die Elbe in Sachsen ist dank ihres Fisch und Fischartenreichtums bei Anglern in der Beliebtheitsskala weiter aufgestiegen und genießt einen hervorragenden Ruf. Dafür sorgt auch ein behutsamer Ausbau für die Binnenschifffahrt. Umstritten sind allerdings Pläne für eine Staustufe bei Ústí nad Labem (Aussig).

Bedrohte Ökosysteme gibt es nicht nur im Wasser: Um die Elbaue und ihre Ausläufer als Lebensraum für Pflanzen und Tiere zu erhalten, wurde sie mit den Elbwiesen zum flächendeckenden Biotopverbund zusammengefasst. 46 Biotope wie Streuobstwiesen, Feldgehölze, aufgelassene Steinbrüche, Teiche, Wiesen- und Ackerrandstreifen stehen als Flächennaturdenkmale unter Schutz. Amphibien, Schmetterlinge, Schnecken und Singvögel finden hier Lebensraum.

## GRÜNE LUNGEN

Das größte Landschaftsschutzgebiet und ein wichtiger Sauerstoffspender ist die **Dresdner Heide** nordöstlich der Stadt. In diesem mehr als 50 km² großen, von Bächen durchzogenen Mischwald entspringen mehrere Quellen. Das sternförmige Wegenetz stammt noch aus der Zeit Augusts des Starken. Es ist weitläufig genug, um große Scharen von Sonntagsausflüglern aufzunehmen. Mit dem **Großen Garten** > S. 91 hat die Stadt eine weitere grüne Lunge mitten in ihrem Zentrum. Erst vergnügten sich hier die Kurfürsten, dann wurde er 1814 öffentlich zugänglich gemacht und heute tummeln sich Spaziergänger und Skater.

## LUFTQUALITÄT & WOHNQUALITÄT

Die Luftqualität hat sich in den vergangenen Jahren erheblich verbessert, weil die Schwefeldioxidbelastung verringert werden konnte. An der Nossener Brücke z. B. ging 1995 ein modernes Gas- und Dampfturbinen-Heizkraftwerk in Betrieb, das zwei alte Kraftwerke mit hohen Emissionswerten überflüssig machte. Immer mehr Städter ließen sich nach 1989 auf dem Land nieder und pendelten zur Arbeitsstätte. Im Gegenzug wurden innerstädtische Plattenbaugebiete durch Abriss, Begrünung und aufgelockerte Neubebauung attraktiv gemacht. Insbesondere Toplagen sind heute heiß begehrt – und entsprechend teuer geworden. Aufgrund steigender Einwohnerzahl werden derzeit in der Innenstadt allerdings zahlreiche (auch grüne) Brachen wieder eng bebaut.

# ROMANTISCHE SEITEN

Sonnenverwöhnte Weinberge prägen das Dresdner Elbtal

Dresden ist eine der grünsten Großstädte Deutschlands. Wie kaum anderswo gehen hier Landschaft und Stadt harmonisch ineinander über.

## WANDERN IM WEINBERG

Namen wie Dresdner Elbhänge, Wachwitzer und Pillnitzer Königlicher Weinberg stehen für romantische Lagen im Stadtgebiet, die auf halber Höhe durch acht Weinwanderwege verbunden sind, auf denen man jeweils etwa eine Stunde unterwegs ist. Die ausgeschilderten Wege erstrecken sich über 20 km. Sie verlaufen parallel zur Sächsischen Weinstraße, sind Teil des sächsischen Weinwanderwegs von Pirna bis Diesbar und lassen sich beliebig miteinander kombinieren. Start- und Endpunkte können meist gut mit dem ÖPNV (in der Regel Bus 63) erreicht werden. Touren und Infos: www.dresden-elbland.de

## VERSTECKTE DÖRFER

Etwa 50 historische Dorfkerne gehören zum Dresdner Stadtgebiet. Diese »Dörfer in der Stadt« erkennt man schon an ihren Namen: Altlaubegast, Altmickten, Altleuben, Alttrachau … Viele haben bis heute ihre ländliche Ursprünglichkeit bewahrt und lohnen einen Besuch, so Altleubnitz mit sehenswerter Kirche, Hosterwitz mit der romantischen Schifferkirche oder Altlaubegast an der Elbe. Völlig anders ist der Charakter der eingemeindeten Dörfer im Schönfelder Hochland, wo vor allem Schönfeld seinem Namen alle Ehre macht.

Zahlreiche Gärtner kümmern sich um den Pillnitzer Schlosspark

## BOTANISCHE RARITÄTEN

Die Liebe der Sachsen zu exotischen Pflanzen ist alt. Zu den wenigen Privilegierten, die im 17. Jh. eine Japanreise machten, gehörte ein Dresdner Hofgärtner. 1778 brachte der schwedische Botaniker Carl Peter Thunberg aus Nagasaki vier Kamelienpflanzen nach London. Eine gelangte nach Dresden: Die als älteste europäische Kamelie geltene Pflanze wird im Winter durch ein fahrbares Gewächshaus geschützt. Von März bis April zeigt sie ihre 35 000 glockenförmigen Blüten und ist damit die Primadonna der botanischen Kostbarkeiten im **Pillnitzer Schlosspark** › S. 125.

Kleiner, aber nicht weniger romantisch sind die Azaleen- und Kameliensammlungen in der Dresdner Umgebung, wie die im **Landschloss Pirna-Zuschendorf** (Am Landschloss 6, 01796 Pirna, www.kame lienschloss.de, März bis Mitte Okt. Di–So 10–17 Uhr) und **Schloss Königsbrück** (Schlossberg 8, 01936 Königsbrück, Febr./März So 10 bis 17 Uhr). Auch im Dresdner Zentrum gibt es einen Botanischen Garten › S. 84.

## LUFTIGE AUSBLICKE

Majestätisch ist der Anblick, wenn bunte Heißluftballons vom Königsufer aus in die Lüfte schweben. Mehrere Anbieter ermöglichen das grandiose Erlebnis für ca. 200 € p. P. (Mobiltel. 01 76/21 99 56 35, www. ballonfahrt-sachsen.de oder Tel. 03 51/247 96 52 50, www.ballon sport-dresden.de).

Luftige Ausblicke bieten auch die Hochseilgärten nahe Dresden, der **Waldseilpark Dresden-Bühlau** (www. waldseilpark-dresden.de) oder der **Kletterwald Dresdner Heide** (www. kletterwald-dresdner-heide.de).

# KUNST & KULTUR

**Wer nach Dresden kommt, den erwartet ein üppiges Kulturangebot, das mit zum Beinamen der Stadt als Elbflorenz beigetragen hat: großartige Bauwerke, kostbare Gemälde, edles Porzellan.**

Sei es ein Besuch in den beiden Museen des Grünen Gewölbes, eine Aufführung des Kreuzchors oder ein Abend in der Semperoper – das stil- und stimmungsvolle Ambiente im Herzen der Altstadt verleiht dem kulturellen Genuss eine besonders exklusive Note.

Dresdens Weltruhm als Kunstmetropole geht auf die Sammelfreude und den Kunstsinn Augusts des Starken und seiner Nachfolger zurück. Gemälde von Lucas Cranach, Hans Holbein und Albrecht Dürer, Raffael, Tizian und Rembrandt wurden für die kurfürstliche Galerie erworben, wo man sie noch heute bewundern kann. Im Jahr 1705 hoben die Wettiner eine Kunstakademie aus der Taufe, an der in späteren Jahren u. a. Ludwig Richter, Oskar Kokoschka oder Gottfried Semper lehrten.

## ARCHITEKTUR

Berühmt wurde Dresden durch die prächtigen **Barockbauten,** die in der Regierungszeit Augusts des Starken und seines Sohnes Friedrich August II. entstanden. Hofarchitekt und Oberlandbaumeister war Matthäus Daniel Pöppelmann. Er baute den Zwinger, das Japanische Palais, das Taschenbergpalais, die Matthäus- und Weinbergskirche sowie Schloss Pillnitz. Zusam-

Die Semperoper überzeugt als architektonisches Meisterwerk

Das nur millimeterdicke Teflondach des Hauptbahnhofs war eine Idee von Norman Foster

men mit dem Dresdner Ratszimmermeister George Bähr schuf er die Dreikönigskirche. Bährs Hauptwerk jedoch ist die Frauenkirche, die das
Selbstbewusstsein der Dresdner Bürgerschaft gegenüber dem absolutisti-
schen sächsischen Adel widerspiegelt.

Im 19. Jh. war Gottfried Semper der Stararchitekt Dresdens. Von ihm
stammen die Pläne der Gemäldegalerie am Zwinger, der Sächsischen Staatsoper und der 1938 von den Nationalsozialisten zerstörten Dresdner Synagoge. Der politisch aktive Demokrat mischte sich ins gesellschaftliche Leben
ein und wurde wie sein Musikerkollege Richard Wagner nach seiner Betei-
ligung am Maiaufstand 1849 wegen Hochverrats steckbrieflich gesucht. Sein
erstes Hoftheater brannte 1869 durch Fahrlässigkeit nieder. Den Auftrag für
sein zweites, die heutige Semperoper, erhielt er, nachdem sich die revoluti-
onären Wogen geglättet hatten. Sein Sohn übernahm die Bauleitung.

Um 1900 erlebte Dresden einen gewaltigen Bauboom. Arbeiterviertel,
**Industriebauten und Gründerzeitvillen** verliehen dem Stadtbild bürgerliche Züge. In einzigartiger Geschlossenheit kann man diese Gründerzeit-
viertel in Striesen, Löbtau, Pieschen, Trachenberge und der Äußeren Neustadt bewundern. Hans Erlwein, von 1905 bis 1914 Stadtbaurat, spielte dabei
eine zentrale Rolle. Der zu Lebzeiten wegen seiner schmucklosen und sach-
lichen Entwürfe heftig umstrittene Architekt schuf 1913/14 den 40 m hohen
Erlweinspeicher an der Elbe, heute ein Kongresshotel. Auch der Schlachthof

am Ostragehege (heute Messe) entstand 1910 nach seinen Plänen. Ein Beispiel besonders origineller Industriearchitektur ist die benachbarte Yenidze-Zigarettenfabrik › S. 89. Der märchenhafte Entwurf der Tabakmanufaktur als Moschee mit Glaskuppel, unter deren Minarett sich der Fabrikschornstein versteckt, lässt den Betrachter noch heute staunen.

Anfang des 20. Jhs. wuchsen auch die Villen von Blasewitz oder Loschwitz und, gedacht für die kleinen Leute, die Gartenstadt Hellerau. Ausgangspunkt waren die ab 1909 von Richard Riemerschmid errichteten Deutschen Werkstätten, die sachlich-schlichte Möbel fertigte. Für ihre Arbeiter planten Hermann Muthesius und Heinrich Tessenow Reihenhäuser mit Garten, um die Einheit von Leben und Arbeit zu realisieren. Darauf verwies auch das Yin-Yang-Zeichen am Giebel von Tessenows Festspielhaus.

Die **Zwanzigerjahre** brachten extravagante Formen in die Dresdner Architektur: Am Stübelplatz entstand das skurrile Kugelhaus, ein kugelförmiger Bau auf kleinster Grundfläche, den die Nationalsozialisten für entartet erklärten und abreißen ließen. Das 1929 am Albertplatz gebaute elfstöckige Hochhaus, das erste seiner Art in Dresden, steht dagegen heute noch.

Nach 1945 sollte die zerbombte Stadt zu einer großflächigen, verkehrsgerechten sozialistischen Metropole umgestaltet werden. Die Quader, die man in den 1970er-Jahren nach dem Vorbild von Rotterdam an die Prager Straße stellte, aber auch die austauschbare **Gebrauchsarchitektur** vieler Wohn-. Büro- und Geschäftshäuser nach der Wende, machen die Vorbehalte der Dresdner gegenüber neuer Architektur verständlich.

Doch es gibt auch interessante Zeugnisse **neuen Bauens:** So setzte der britische Stararchitekt Sir Norman Foster dem Hauptbahnhof ein futuristisches Teflondach auf. Das Landtagsgebäude hinter der Semperoper mit dem runden, gläsernen Plenarsaal, mit dem der Architekt Peter Kulka seine Heimatstadt bereicherte, wurde 1993 bezogen. Eindrucksvoll ist auch das 1996 eingeweihte World Trade Center mit rundem Turm und glasüberdachtem Innenhof. Neue Akzente setzen das futuristisch anmutende Kino Ufa-Palast nahe der Prager Straße,

Die Inspiration zu dieser Architektur stammt aus dem türkischen Ort Yenidze

die Gläserne Manufaktur des VW-Konzerns am Straßburger Platz, das Kongresszentrum an der Marienbrücke, diverse Gebäude der Technischen Universität wie z.B. die Bibliothek (SLUB) sowie der Umbau des Militärhistorischen Museums durch Daniel Libeskind.

## LITERATUR

Große Dichter gingen in Dresden von jeher ein und aus: **Friedrich Schiller** schrieb hier an seinem Drama »Don Carlos« und vollendete 1785 die Ode »An die Freude«. Auch **Goethe**, die Brüder **Humboldt** und **Freiherr vom Stein** ließen sich hier sehen – ebenso wie **Johann Gottfried Herder**, der Dresden »ein deutsches Florenz« genannt hatte. **Heinrich von Kleist** versetzte seinen »Michael Kohlhaas« in die Pirnaische Vorstadt, wo er eine Weile wohnte und »Käthchen von Heilbronn« schrieb. War bis 1815 das Körnerhaus Mittelpunkt des literarischen Lebens, wurde später das Eckhaus des Novellisten Ludwig Tieck an der Kreuzkirche zum Treff der Künstler. Tieck, von 1825 bis 1841 Dramaturg am Hoftheater, lud zu Leseabenden, Vorträgen und Diskussionen ein und focht gegen biedermeierliche Gemütlichkeit.

In der zweiten Hälfte des 19. Jhs. erwachte das Interesse des Dresdner Bürgertums an der feudalen Vergangenheit. Der polnische Schriftsteller **Ignacy Kraszewski** kam 1863 nach Dresden und begründete mit seiner Romantrilogie über Sachsen und Polen unser heutiges Bild vom sächsischen Hof. 1875 wurde der Volksschullehrer **Karl May** Redakteur bei einer Dresdner Familienzeitschrift. Dann schrieb er seine berühmten Abenteuergeschichten und bezog 1896 eine Villa in Radebeul › S. 135.

Ein echter Dresdner war **Erich Kästner**, der sich mit Kinderbuchklassikern wie »Emil und die Detektive« oder »Das doppelte Lottchen« ins Herz mehrerer Generationen schrieb. Am Albertplatz erinnert ein Museum im Haus seines Onkels an ihn › S. 100.

Mit weniger guten Gefühlen denkt **Durs Grünbein** an seine Heimatstadt, Sie war für ihn »lange Zeit dieser unterbelichtete Film, in dem der Volkspolizist immer das letzte Wort behielt«. Er lebt heute, genau wie der ebenfalls in Dresden geborene Ingo Schulze, in Berlin. Da geblieben ist **Thomas Rosenlöcher,** der in seinem lesenswerten und unterhaltsamen (Tage-)Buch »Die verkauften Pflastersteine« die dramatischen Ereignisse der Wendezeit festgehalten hat. In jenen Tagen endet **Uwe Tellkamps** »Der Turm«. Sein preisgekrönter Roman über das DDR-Bildungsbürgertum spielt am Weißen Hirsch und charakterisiert die Stadt »Dresden ... in den Musennestern/ wohnt die süße Krankheit Gestern«.

Aktuelle Dresdner Krimis gibt es u.a. von Frank Goldammer mit der Kommissar-Heller-Reihe, Christine Sylvester mit den Kökkenmöddinger-Fällen und **Beate Baum** mit den bekannten Romanen »Ruchlos«, »Weltverloren« und »Die Nitribitt und das Ende im Backpacker-Hotel«.

Caspar David Friedrich schuf das Gemälde »Das große Gehege bei Dresden« (1832) in der Galerie Neue Meister im Albertinum

## MALEREI & BILDHAUEREI

Während der Barockzeit war der bayerische Bauernsohn **Balthasar Permoser** der gefragteste Bildhauer in der Elbestadt. Von ihm stammen die meisten Skulpturen am Zwinger oder die vier Herkulesfiguren im Großen Garten. Im Grünen Gewölbe kann man seine fein gearbeiteten Kleinskulpturen aus Holz und Elfenbein bestaunen. Zum großartigen Bildchronisten jener Zeit wurde der Venezianer Bernardo Bellotto, genannt **Canaletto,** der die Stadt in detailgenauen Ansichten festhielt.

Anfang des 19. Jhs. war Dresden das Zentrum der deutschen Frühromantik. Zu ihren bedeutendsten Vertretern auf dem Gebiet der Malerei gehörten **Philipp Otto Runge, Caspar David Friedrich, Ludwig Richter** und der auch als Arzt berühmte **Carl Gustav Carus.** Sie wurden vor allem von den stimmungsvollen Landschaften der Umgebung, z. B. der Sächsischen Schweiz, inspiriert. Ein gefragter Historien- und Porträtmaler war der Rheinländer **Gerhard von Kügelgen,** der sich 1805 in Dresden niederließ. Sein Wohn- und Atelierhaus in der Hauptstraße 13 entwickelte sich schnell zu einem Treffpunkt der Dresdner Künstlerszene.

Impressionismus und Jugendstil hatten es Ende des 19. Jhs. nicht leicht, an der Elbe Fuß zu fassen. Der 1905 vollendete Zentralbau der Strehlener Christuskirche mit ihren 66 m hohen Türmen gilt als erste Jugendstilkirche Sachsens. Bei der nächsten ästhetischen Rebellion gegen das Bestehende stand Dresden dann im Zentrum des Aufbruchs. »Jeder gehört zu uns, der unmittelbar und unverfälscht wiedergibt, was ihn zum Schaffen drängt«, heißt es im Programm der Künstlervereinigung **»Die Brücke«** › S. 133, die

#  WELTBERÜHMTE KLÄNGE

Dresden ist eine Musikstadt europäischen Rangs: Wichtige Komponisten wie Wagner, Schumann oder Strauss haben hier gewirkt. Ihre Tradition pflegen viele musikalische Institutionen auf höchstem Niveau. Die älteste ist der **Kreuzchor** – mit rund 150 Sängern einer der großen deutschen Knabenchöre. Seit 1300 werden eigens für den liturgischen Gesang in der Kreuzkirche Sänger ausgebildet. Wenn nicht Ferien oder Tourneen anstehen, besuchen die »Kruzianer« auch heutzutage die Kreuzschule, nun ein evangelisches Gymnasium. › mehr S. 16 Punkt ❷❺

Als Theater- und Opernstadt erlangte Dresden früh Bedeutung. Neben dem Schloss entstand 1667 das Komödienhaus, einer der ersten festen Theaterbauten in Deutschland. 1719 folgte das dem Hof vorbehaltene Opernhaus am Zwinger und 1841 eröffnete die erste **Semperoper**. Als Hofkapellmeister fungierte ab 1843 Richard Wagner, der hier »Rienzi«, »Der Fliegende Holländer« und »Tannhäuser« uraufführte. In der ersten Hälfte des 20. Jhs. verhalf Richard Strauss der Dresdner Oper zu Weltruhm. Die Werke beider Komponisten gehören nach wie vor zum Repertoire der Sächsischen Staatskapelle.

Die **Frauenkirche** ist seit 2005 ein Ort lebendiger Musikpflege geworden. Kantorei und Kammerchor sowie die neue Kern-Orgel sind Hauptträger der musikalischen Aktivitäten. Dazu kommen immer

Die Semperoper bietet den perfekten Rahmen für Musikerlebnisse

samstags um 20 Uhr Sonderkonzerte renommierter Gäste. Und alle zwei Wochen gibt es um 15 Uhr eine geistliche Sonntagsmusik. Orgelmusik erleben kann man auch im Rahmen der Andachten, nach denen ein Gästeführer Geschichte und Bau der Frauenkirche erläutert (Mo–Sa 12, Mo, Mi, Fr auch 18 Uhr).

Die **Dresdner Philharmonie**, zweites Spitzenorchester der Stadt, wurde 1870 als Gewerbehausorchester gegründet. Fast jedes Wochenende spielt sie im Neuen Konzertsaal des Kulturhauses. Das Angebot ergänzt die **Staatsoperette Dresden** mit Operette, Musical und leichter Oper.

Unweit von Dresden bieten die **Landesbühnen Sachsen** in Radebeul das ganze Spektrum eines Vier-Sparten-Theaters.

Silbermann-Orgel in der Frauenkirche

## MUSIKERLEBNISSE

Bei einem so vielfältigen, großen Angebot ist es ein Leichtes, den Dresdenbesuch mit einem hochkarätigen Musikerlebnis zu verknüpfen. Vor allem für die Wochenenden in der Hauptsaison sollte man lange im Voraus Karten besorgen. Bei allen genannten Institutionen kann man die Eintrittskarten über die Internetseiten online kaufen ▸ S. 41.

Neben den Kreuzchorvespern gibt es weitere feste Termine für spontanen Musikgenuss, etwa in der **Kathedrale**, wo man die Silbermann-Orgel (Mi, Sa 11.30 Uhr) oder die Kapellknaben (www.kapellknaben.de, Fei 10.30 Uhr) regelmäßig hören kann. Mittwochs um 20 Uhr laden Kathedrale, Kreuz- und Frauenkirche im Wechsel zum **Dresdner Orgelzyklus** ein. Das gesamte Angebot der Musikstadt entfaltet sich besonders eindrucksvoll ab Mitte Mai bei den **Dresdner Musikfestspielen,** die alljährlich einen anderen Themenschwerpunkt haben (Tel. 03 51/478 56 14, www.musikfestspiele.com).

In der **Weihnachtszeit** gehört für viele Dresdner der Kreuzchor mit Bachs Weihnachtsoratorium oder der Christmette am 1. Feiertag um 6 Uhr fest zum Festprogramm. Am Heiligen Abend selbst erlebt man dann in vielen Kirchen festlich gestaltete Christmessen von beeindruckender musikalischer Qualität. Absoluten Kultstatus genießt das Krippenspiel von Kabarettist und Comedian Olaf Schubert in der Scheune (www.olaf-schubert.de).

als Keimzelle des Expressionismus gilt. Gegründet wurde sie 1905 von Ernst Ludwig Kirchner, Karl Schmidt-Rottluff, Fritz Bleyl und Erich Heckel. Die Nationalsozialisten stuften ihre Kunst als entartet ein, desgleichen die Werke des Österreichers **Oskar Kokoschka,** der von 1919 bis 1923 an der Dresdner Kunstakademie lehrte. Auch **Otto Dix** fand vor den Nazis keine Gnade: 1933 wurde ihm seine Professur an der Kunstakademie entzogen.

Einige der erfolgreichsten zeitgenössischen Maler stammen aus Dresden und Umgebung, darunter der 2017 verstorbene **A. R. Penck** mit seinen charakteristischen Strichmännchen oder **Georg Baselitz**, bei dem alles auf dem Kopf steht. Der berühmteste ist **Gerhard Richter,** der 2004 der Gemäldegalerie 41 Werke als Dauerleihgabe übergab, die damit die größte Werksammlung des Künstlers besitzt. Zu den gefeierten Stars der Dresdner Kunstszene gehört auch der 1967 geborene **Eberhard Havekost.**

# FESTE & VERANSTALTUNGEN

**In der Kulturmetropole dominiert die Musik den jährlichen Veranstaltungskalender. Allerdings können die Dresdner auch Feiern, und das ganz unterschiedlich.**

Während bei den Karl-May-Festtagen Wildwest-Stimmung aufkommt, geht es bei der Bunten Republik Neustadt ausgelassen zu und beim Elbhangfest werden gleich mehrere Orte zur kilometerlangen Bühne. Genaue Infos bieten das Stadtmagazin »Sax« und kostenlose Publikationen wie das »Dresdner Kulturmagazin« oder www.dresden.de/tourismus.

## FESTKALENDER

**Januar: Neujahrskonzerte** der Dresdner Philharmonie und der Staatskapelle (www.dresdnerphilharmonie.de).

**Februar:** Beim **SemperOpernball** gibt man sich glanzvoll (www.semperopernball.de), nachdenklich bei den **Konzerten anlässlich der Zerstörung** Dresdens am 13./14. Februar 1945 in der Semperoper, der Kreuzkirche und der Frauenkirche.

**März:** Das Dresdner Festival zeitgenössischer Musik **TONLAGEN #stimme** verbindet Neue Musik mit experimentellen Performances, Videoinstallationen und Literatur (www.hellerau.org).

**April: Filmfest** für Animations- und Kurzfilme (www.filmfest-dresden.de).

**Mai: Dampferparade** der Sächsischen Dampfschiffahrt (www.saechsische-dampfschiffahrt.de). Höhepunkt des **Dixieland-Festivals** mit Ensembles aus aller Welt ist der große Umzug (www.dixieland.de). **Karl-May-Festtage** in Radebeul (www.karl-mayfest.de) Die internationale Musikwelt trifft sich bei den **Dresdner Musikfestspielen** (www.musikfestspiele.com). Zum **Christopher Street Day** gibt es Ende Mai ein Straßenfest und samstags eine Gay Pride Parade (www.csd-dresden.de).

Beim Palaissommer kommen Dresdner und Besucher in den Genuss von Gratiskonzerten

**Juni:** Am 3. Wochenende verwandelt sich der ganze Stadtteil bei der **Bunten Republik Neustadt (BRN)** tagsüber in einen Abenteurspielplatz und abends in eine riesige Open-Air-Disco (www.brn-dresden.de). › mehr S. 12 Punkt ❹ Am letzten Wochenende wird zwischen Loschwitz und Pillnitz das **Elbhangfest** u. a. mit Markt, Konzerten und Weinproben gefeiert (www.elbhangfest.de).

**Juli:** Die **Dresdner Vogelwiese** ist eines der ältesten Schützen- und Volksfeste Deutschlands (www.rummel-dresden.de). Partystimmung und Romantik bietet die **Dresdner Schlössernacht** (www.dresdner-schloessernacht.de) in den Parks der drei Loschwitzer Elbschlösser. Bei den **Filmnächten** am Elbufer gibt es bis Ende August auch Rock-, Pop- und Klassikkonzerte (www.filmnaechte-am-elbufer.de).

**August:** Der **Palaissommer** auf der Wiese vor dem Japanischen Palais bietet täglich ein Gratisprogramm mit Kultur und Sport (www.palaissommer.de). Beim **Moritzburg**

**Festival** präsentieren sich junge, international bekannte Solisten klassischer Musik (www.moritzburgfestival.de). Am 3. Wochenende feiert Dresden sein **Stadtfest** (www.dresdner-stadtfest.com) u.a. mit Dampferparade und Mittelalterspektakel. Kleine Schwester der BRN im Juni ist das **Hechtfest** am letzten Augustwochenende mit Musik-, Kunst-, Familienprogramm (www.hecht-viertel.de).

**September:** Der **Dresdner Herbstmarkt** auf dem Altmarkt ist eine sächsische Handwerkerschau. An drei Sonntagen zieht es Zehntausende zur **Moritzburger Hengstparade** mit Dressuren, Rennen und Spielen (www.hengstparade-moritzburg.de). Weinfeste in Meißen und Radebeul.

**November:** Hochkarätiger Jazz in seiner ganzen Bandbreite wird während der **Jazztage** geboten (www.jazztage-dresden.de).

**Dezember:** Der **Striezelmarkt** findet seit 1434 statt und gilt damit als ältester deutscher Weihnachtsmarkt (www.dresden.de/striezelmarkt).

Der Dresdner Zwinger ist ein
Meisterwerk des Barock

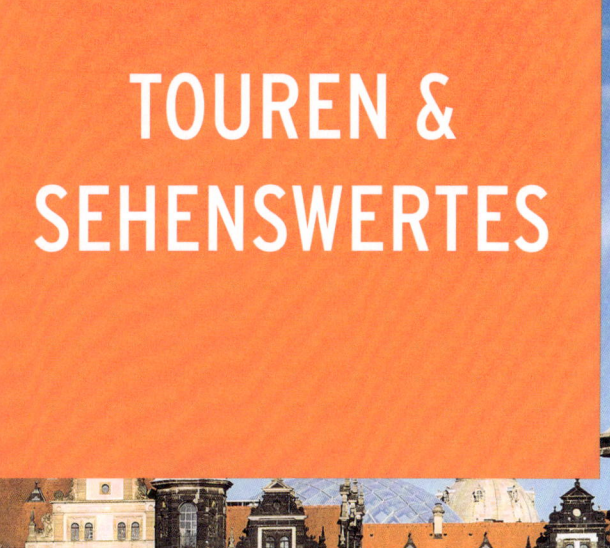

# TOUREN & SEHENSWERTES

# DIE ALTSTADT & SÜDLICH DER ELBE

Die Kuppel der Frauenkirche
überragt die Dächer der Altstadt

*Die berühmte Silhouette der Dresdner Altstadt prägen die Türme von Semperoper, Schloss und Frauenkirche, deren Besuch allein schon eine Reise wert ist. Zahlreiche Shopping- und Einkehrmöglichkeiten ergänzen den Kulturgenuss.*

In einer S-förmigen Windung durchfließt die Elbe Dresden. An einem der Bögen formt das historische Zentrum mit seinen Bauten die berühmte Silhouette der Stadt. Marien-, Augustus-, Carola- und Albertbrücke führen von hier auf die gegenüberliegende Neustadtseite.

Das historische Stadtzentrum, das zwischen Mittelalter und Barock entstand, ist klein. Gut einen Kilometer erstreckt sich die Innere Altstadt von der ehemaligen Venusbastion an der Neuen Synagoge entlang der Elbe bis zu Zwingerteich und Semperoper. Noch kürzer ist es von hier in Richtung Süden bis zum Dr.-Külz-Ring, der die alte Stadtgrenze markiert. Wie klein das Alte Dresden in seinem Goldenen Zeitalter war, lässt sich am besten im Panometer erfassen, das einen Panoramablick in die Vergangenheit erlaubt. Schnell könnte man auf den Gedanken kommen, Dresden ließe sich in einer Stunde durchwandern. Doch aufgrund der Fülle seiner Bauwerke, der Museumsschätze und der Vielfalt an Einkehrmöglichkeiten lässt sich hier leicht ein ganzer Tag verbringen.

Das touristische Interesse richtet sich hier vor allem auf zwei Plätze: den Theaterplatz und den Neumarkt. Ist es beim Theaterplatz die erhabene Schönheit der ihn umgebenden Gebäude, so lebt der Neumarkt zu Füßen der Frauenkirche von seinem quirligen Flair mit Restaurants und Läden. Dabei war der Platz seit dem Zweiten Weltkrieg bis vor wenigen Jahren eine innerstädtische Brache. Bis heute ist die Altstadt noch nicht vollständig wiederaufgebaut. Die Narben des Krieges werden am ehesten zwischen Altmarkt und Prager Straße deutlich. Doch zahlreiche Einkaufszentren und Läden lenken den Blick ab.

Die kulturhistorisch interessante Friedrichstadt liegt abseits der Touristenströme, genau wie der Große Garten, in dem sich Kulturgenuss und Erholung ideal miteinander verbinden lassen.

Einkaufen unter dem Dach der QF-Passage

# UNTERWEGS IN DER ALTSTADT

## DAS KLASSISCHE DRESDEN

**VERLAUF:** Theaterplatz › Zwinger › Brühlsche Terrasse › Frauenkirche › Johanneum

**KARTE:** Seite 69
**DAUER:** 2–8 Std.
**PRAKTISCHE HINWEISE:**
- Der Theaterplatz ist mit der Straßenbahn (4, 8, 9) zu erreichen.
- Das Auto lässt man in der Tiefgarage unter dem Neumarkt oder dem Altmarkt.
- Beginnen Sie die Tour nicht zu früh, die Museen öffnen erst um 10 Uhr.
- Um 10.15 Uhr sollte man sich das Porzellanglockenspiel im Zwinger nicht entgehen lassen.

**TOUR-START:**
## THEATERPLATZ 1 📙 B3

Am Theaterplatz weiß man gar nicht, wo man zuerst hinsehen soll. Wie edle Möbelstücke in einem überdimensionalen Prunksaal wirken die Gebäude rundherum: die Semperoper, die Gemäldegalerie des Zwingers, das Residenzschloss mit dem Hausmannsturm, die Kathedrale und das Restaurant Italienisches Dörfchen zur Elbe hin.

Dreh- und Angelpunkt des Rundblicks ist das 1889 von Hofbildhauer Johannes Schilling geschaffene Reiterstandbild König Johanns, der 1854–1873 in Sachsen regierte und u. a. Dantes »Göttliche Komödie« ins Deutsche übersetzte.

## SEMPEROPER 2 ⭐ 📙 B3

Im Rücken des reitenden Königs erhebt sich die als Semperoper bekannte Sächsische Staatsoper. 1841 wurde an dieser Stelle ein dreigeschossiger, an das Kolosseum in Rom erinnernder Sandsteinbau eingeweiht, den Gottfried Semper entworfen hatte. 1869 brannte das viel gepriesene Haus ab. König Johann übertrug Semper und seinem Sohn Manfred die Konzeption einer neuen Oper, die 1878 fertiggestellt wurde. Auf dem Dach thront die Pantherquadriga mit Dionysos und Ariadne von Johannes Schilling. Das Hauptportal flankieren Skulpturen von Goethe und Schiller, die Ernst Rietschel schuf.

Die vornehm-klassischen Innenräume genießt man am besten während einer Aufführung. Es ist ein einmaliges Erlebnis im festlichen Zuschauerraum zu sitzen und den Blick vor der Vorstellung über die vier Ränge zum 285-flammigen Kronleuchter in der Mitte schweifen zu lassen. Hinein kommt man ansonsten im Rahmen einer einstündigen öffentlichen Führung (Tel. 03 51/320 73 60, www.semperoper-erleben.de). › mehr S. 17 Punkt 35

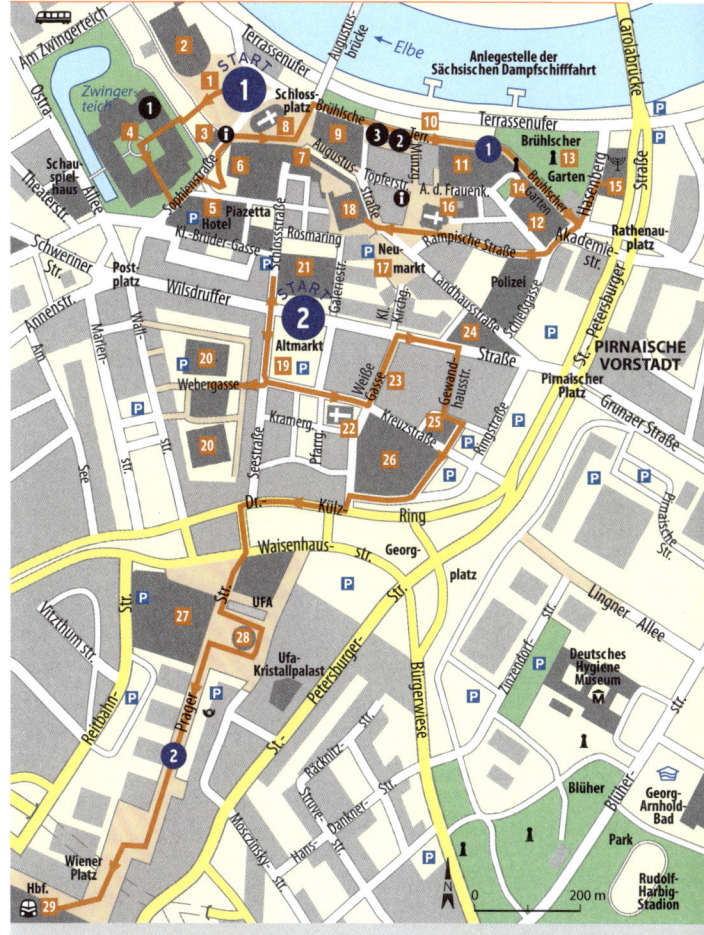

## TOUREN IN DER ALTSTADT

### TOUR ❶

**KLASSISCHES DRESDEN**

1 Theaterplatz
2 Semperoper
3 Schinkelwache
4 Zwinger
5 Taschenbergpalais
6 Dresdner Schloss
7 Fürstenzug
8 Kathedrale
9 Ständehaus
10 Brühlsche Terrasse

11 Kunstakademie
12 Albertinum
13 Böttger-Stele
14 Festung Dresden
15 Neue Synagoge
16 Frauenkirche
17 Neumarkt
18 Johanneum

### TOUR ❷

**VOM MITTELALTER ZUR MODERNE**

19 Altmarkt

20 Altmarkgalerie
21 Kulturpalast
22 Kreuzkirche
23 Gänsedieb-Brunnen
24 Landhaus
25 Gewandhaus
26 Rathaus
27 Centrum-Galerie
28 Rundkino
29 Hauptbahnhof

Der Mathematisch-Physikalische Salon im Zwinger zeigt Feinmechanik von anno dazumal

### SCHINKELWACHE 3 📖 B3

Das Wachgebäude aus Sandstein wurde 1830–1832 von Joseph Thürmer nach Entwürfen Karl Friedrich Schinkels im Stil des Berliner Klassizismus errichtet. Hier ist u.a. der Kartenvorverkauf der Semperoper untergebracht (Tel. 03 51/491 17 05, Mo–Fr 10–18, Sa 10–13 Uhr).

### ZWINGER 4 ⭐2 📖 B3

Das Meisterwerk europäischer Barockarchitektur entstand 1709–32 unter August dem Starken als Festplatz und Orangerie. Der Name geht auf die Lage des Bauwerks zurück: Zwinger nannte man den Platz zwischen äußerer und innerer Festungsmauer. Wahrzeichen des Dresdner Zwingers ist das Kronentor, auf der vier goldene Adler die polnische Königskrone tragen. 1697 wurde August der Starke zum polnischen König August II. gewählt.

### DER INNENHOF

Eine breite Treppe führt in den mit Wasserbecken und Rasenflächen gestalteten Innenhof (116 × 204 m) hinunter. Die geschwungenen, üppig verzierten Pavillons und Galerien, die den Hof rahmen, versetzen den Betrachter in die Welt höfischer Lustbarkeiten und barocker Lebensfreude. Der opulente, verspielte Gesamteindruck ist das Ergebnis einer Zusammenarbeit des Architekten Matthäus Daniel Pöppelmann mit dem Bildhauers Balthasar Permoser. Beide verbanden deutsche, italienische und französische Bauelemente zu einem geschlossenen Ensemble.

Außer im Winter erklingt das **Glockenspiel aus Meissener Porzellan** am Glockenspielpavillon, dem einstigen Stadtpavillon, täglich mit einem Musikstück um 10.15, 14.15, 18.15 und 22.15 Uhr.

## WALLPAVILLON UND NYMPHENBAD

Der lebendigste Teil des Zwingers ist der Wallpavillon im Nordwesten, dessen Obergeschoss von sinnenfrohen, lachenden Satyrn getragen wird. Das Wappen Augusts wird von zwei Engeln umrahmt, die den Ruhm des Sachsenherrschers in alle Welt verkünden. Darüber ist August der Starke selbst als Weltkugel tragender Herkules zu sehen.

Rechts vom Wallpavillon, in der sogenannten Bogengalerie L erzählt eine multimediale Ausstellung ab 2020 die Baugeschichte des Zwingers. Sie führt Besucher virtuell in die einen Monat dauernden Hochzeitsfeierlichkeiten des späteren August III., Sohn August des Starken, mit der österreichischen Kaisertochter Maria Josepha im Jahr 1719. Auf der Rückseite des Pavillons, versteckt sich das verspielte Nymphenbad. Erotische Nymphenfiguren rahmen ein Wasserbecken.
> mehr S. 15 Punkt **24**

## AUSSTELLUNGEN IM ZWINGER

Links vom Wallpavillon befindet sich der **Mathematisch-Physikalische Salon**. Seit 1728 werden hier astronomische Instrumente, historische Messgeräte, Rechenmaschinen und Uhren, genauso wie mechanisches Spielzeug gesammelt (Tel. 03 51/49 14 66 61, www.skd.museum, Di–So 10–18 Uhr).

Im südwestlichen Eckpavillon und in den beiden Bogengalerien ist die kostbare **Porzellansammlung** Augusts des Starken untergebracht. Sie gehört zu den größten der Welt und vereint wertvolle Porzellane aus China und Japan (15.–18. Jh.) mit den ältesten erhaltenen Stücken europäischen Porzellans aus Dresden und Meißen. Besondere Meisterstücke sind die teils lebensgroßen Tierdarstellungen. Interessant ist auch der Vergleich der chinesischen Originale mit den kleineren Kopien aus Meißen: Beim Brand schrumpft das Porzellan um 16 %. Die edle Präsentation im Erdgeschoss gestaltete der Designer Peter Marino (Tel. 03 51/49 14 20 00, www.skd.museum, Di–So 10–18 Uhr).

## GEMÄLDEGALERIE ALTE MEISTER

Den nordöstlichen Abschluss des Zwingers bildet die weltberühmte Gemäldegalerie Alte Meister, errichtet von Gottfried Semper. Sie ging aus der kurfürstlichen Kunstkammer des 16. Jhs. hervor, die von den Kurfürsten Friedrich August I. und Friedrich August II. erweitert wurde. Die Kurfürsten kauften vieles, was damals edel und kostbar war: Bilder von Holbein, Rubens, Tizian, Veronese, Velázquez und Correggio. 1754 kam Raffaels **Sixtinische Madonna** aus der Klosterkirche von Piacenza nach Dresden.
> mehr S. 15 Punkt **23** Ein weiteres Glanzstück ist Liotards »Schokoladenmädchen« aus dem Jahr 1744.

Neben den Italienern des 16. und 17. Jhs. ist auch die holländische und flämische Malerei des 17. Jhs. stark vertreten, darunter Rubens, van Eyck, Vermeer und Rembrandt. Zu den bedeutendsten Werken zählen die »Schlummernde Venus« von Giorgione, Rembrandts »Selbstbildnis mit Saskia«, »Bathseba am

Springbrunnen« von Peter Paul Rubens und Albrecht Dürers »Bildnis des Bernhard von Reesen« .

Die Sanierung der Gemäldegalerie wird Ende 2019 abgeschlossen, nach der durch eine dichtere Hängung mehr Gemälde als zuvor ausgestellt werden können. Auch die Skulpturensammlung bedeutender altgriechischer und römischer Statuen wird wie die Abgusssammlung des Malers Anton Raphael Mengs dann wieder im Semperbau zu bewundern sein (Di–So 10–18 Uhr, 4. Nov.–7. Dez. 2019 wegen Umbauarbeiten geschl. www.skd.museum. de).

### ZWISCHENSTOPP: RESTAURANT

**Alte Meister ❶** €€–€€€ 📱 B3
Cáfe und Restaurant mit Gourmetküche unter der »Sixtinischen Madonna«.
• Theaterplatz 1 a | 01067 Dresden
Tel. 03 51/481 06 26
www.altemeister.net

## CHOLERABRUNNEN UND TASCHENBERGPALAIS ❺ 📱 B3

Der 1843 nach einen Entwurf von Gottfried Semper errichtete 18 m hohe Brunnen in Form einer neugotischen Kirchturmspitze erinnert daran, dass die Choleraepidemie 1840/1841 Dresden verschonte.

Hinter dem Cholerabrunnen steht das prächtige Taschenbergpalais, heute Hotel Kempinski › S. 32. › mehr S. 13 Punkt ❾ August der Starke hatte es 1707 bis 1711 für seine Mätresse, die Gräfin Cosel, bauen lassen. Nach Kriegszerstörung wurde sein Äußeres 1994 originalgetreu rekonstruiert.

## DRESDNER SCHLOSS

❻ ⭐3 📱 B3

Eine überdachte Brücke verbindet das Taschenbergpalais und das königlich-sächsische Residenzschloss. Im 16. Jh. ließ Herzog Georg der Bärtige den Komplex zu einem der prachtvollsten Renaissanceschlösser Deutschlands erweitern. Nach dem großen Brand von 1701 gestaltete man die Fest- und Audienzsäle im barocken Stil. Bei seinem letzten Umbau (1889–1901) bekam das Schloss ein einheitliches Äußeres im Stil der Neorenaissance. Im Februar 1945 wurde es schwer beschädigt. Der 1987 begonnene Wiederaufbau soll bis 2023 fertiggestellt werden. › mehr S. 18 Punkt ㊳

Mit seiner Pracht überrascht der **Große Schlosshof,** dessen Sgraffitodekoration im Stil der Renaissance weitgehend wiederhergestellt wurde. Hinter der »Schönen Pforte« in der Nordwestecke des Hofes verbirgt sich die **Schlosskapelle,** deren rekonstruiertes imposantes Schlingrippengewölbe bei Veranstaltungen bestaunt werden kann.

Über den Hof gelangt man zum 101 m hohen **Hausmannsturm.** Von oben bietet sich ein herrlicher Blick auf die Semperoper, die Dächer und Türme der Altstadt sowie über das Dresdner Elbtal. › mehr S. 16 Punkt ㉚ Das **Porzellankabinett** im Hausmannsturm ist das Schmuckstück der originalgetreu rekonsturierten Paradegemächer Augusts des Starken, die pünktlich zum 300. Jubiläum der Kurprinzenhochzeit 1719 wieder zugänglich sind. Krönender Abschluss ist der

Das königlich-sächsische Residenzschloss birgt viele kunsthistorische Schätze

**Kleine Ballsaal** mit vergoldeter Decke von 1868, nach Entwürfen des Hofbaumeisters Bernhard Krüger.

**INFO**
Alle Museen im Schloss Mi–Mo 10–18 Uhr, Zugang Historisches Grünes Gewölbe nur mit zeitgebundener Eintrittskarte (Onlinebuchung unter: www.skd.museum).

## HISTORISCHES UND NEUES GRÜNES GEWÖLBE

August der Starke war so stolz auf seine Schatzkammer, dass er seine »Geheime Verwahrung« in den teilweise grün gestrichenen, gewölbten Räumen des Schlosses prächtig ausstattete und für Besucher öffnete. Nach wechselvoller Geschichte sind seine ca. 4000 Kostbarkeiten 2006 ins Schloss zurückgekehrt – verteilt auf zwei Museen.

Das **Historische Grüne Gewölbe** im Erdgeschoss ist ganz auf den überwältigenden Raumeindruck hin konzipiert. In jahrelanger Arbeit und für mehr als 40 Mio. Euro entstanden die goldenen oder verspiegelten Wandverkleidungen, Tische, Konsolen und Bilder wieder so, wie sie August der Starke geplant hatte. Die Meisterwerke werden, nur durch einen Handlauf vom Betrachter getrennt, präsentiert.

Jeder Besucher erhält einen Audioguide und betritt durch die Sicherheitsschleuse die historischen Räume. Diese folgen der barocken Dramaturgie und sind nach Materialien geordnet: Bernsteinkabinett, Elfenbeinzimmer, Weißsilberzimmer, Silbervergoldetes Zimmer, Pretiosensaal, Wappenzimmer, Juwelenzimmer, Bronzenzimmer und

## BESONDERE MUSEEN

- **Lügenmuseum** b2
  Im einstigen Gasthof Serkowitz zeigt Reinhard Zabka allerlei Kurioses (tgl. 13–18 Uhr).
  Kötzschenbrodaer Str. 39
  01445 Radebeul
  Mobiltel. 01 76/99 02 56 52
  www.luegenmuseum.de
- **Kraszewski-Museum** D1
  Die »Sachsentrilogie« des polnischen Schriftstellers Józef Ignacy Kraszewski prägt bis heute das Bild vom sächsischen Hof. Seine Villa in der Neustadt ist heute ein Museum (Mi–So 13–18 Uhr).
  Nordstr. 28
  01099 Dresden
  Tel. 03 51/8 04 44 50
  www.stmd.de
- **Eisenbahnmuseum** b2
  Das vereinsbetriebene Museum präsentiert historische Lokomotiven und Waggons. Zum Dampfloktreffen im April ist alles in Bewegung (Aug.–Okt. jeden 1. und 3. Sa des Monats 10–16 Uhr)
  Zwickauer Str. 86
  01187 Dresden
  Tel. 03 51/461 32 97
  www.igbwdresdenaltstadt.de
- **Straßenbahnmuseum** b2
  Historische Tramwagen mit Seltenheitswert.
  Trachenberger Str. 38
  01129 Dresden
  Tel. 03 51/858 35 98
  www.strassenbahnmuseum-dresden.de

der Raum der Renaissancebronzen. Bekanntestes Exponat ist der von Hofgoldschmied Johann Melchior Dinglinger und Balthasar Permoser um 1711 geschaffene »Mohr mit Smaragdstufe«.

Die rund 1000 berühmtesten Meisterwerke aus Augusts Sammlung sind ein Stockwerk höher zu sehen. Das **Neue Grüne Gewölbe** ist mit einer normalen Eintrittskarte zugänglich. Im Saal der Kunststücke (Saal 1) sind technische Raritäten wie die Kugellaufuhr von 1600 oder die an einen modernen Fernsehturm erinnernde Elfenbeinsäule bemerkenswert, ebenso das Mikrokabinett, wo man durch eine Lupe den beschnitzten Kirschkern bestaunen kann. › mehr S. 16 Punkt **28** Höhepunkt im ersten Raum der Kurfürsten (Saal 3) ist die Elfenbeinfregatte. Stolz blicken August und sein Hofjuwelier im Dinglinger-Saal (Saal 6) von Ölgemälden auf das Glanzstück der Kollektion herab: den »Hofstaat von Delhi am Geburtstag des Großmoguls Aureng Zeb«, der mit 137 goldenen, bunt emaillierten Figuren und 5000 Edelsteinen besetzt ist.

### KUPFERSTICHKABINETT

Das 3. Obergeschoss beherbergt eine der weltweit bedeutendsten grafischen Sammlungen mit Stichen, Zeichnungen, Drucken, Skizzen und Fotografien.

### TÜRCKISCHE CAMMER

Im 2. Stockwerk werden die Sammlerstücke Augusts des Starken und Trophäen der Türkenkriege ausgestellt. Prunkstück der größten os-

Ein Ausschnitt aus dem insgesamt 100 m langen Fürstenzug

manischen Sammlung außerhalb der Türkei und Wiens ist ein über 20 m langes Staatszelt.

Von der Türckischen Cammer und der ein Stockwerk tiefer gelegenen Fürstengalerie gelangt man über die wiedererrichtete barocke Englische Treppe in den **Riesensaal,** der seinen Namen den ursprünglich auf die Fensterlaibungen gemalten Riesen verdankt. Hier stellt die Rüstkammer das Turnierwesen der Renaissance anhand von Prunkwaffen, Rüstungen, Gemälden und Holzpferden dar. Außerdem zeigt die Rüstkammer die Ausstellungen »Weltsicht und Wissen um 1600«, u.a. mit Gartengeräten, »Aufstieg zur Kurfürstenmacht« über die Sachsenherrscher zur Zeit der Reformation und die »Kurfürstliche Garderobe« mit höfischer Kleidung des 16.–18. Jh.

Das **Münzkabinett** zeichnet die Geschichte des Geldes von der Antike bis in die Gegenwart nach.

## GEORGENBAU UND STALLHOF

Östlich an das Schloss grenzt der prunkvolle Georgenbau mit seinem mehrstufigen, reich verzierten Giebel und dem Georgentor, das um 1900 errichtet wurde.

Vom Hofeingang blickt man in den **Stallhof,** in dem bis ins 18. Jh. höfische Ritterspiele und Hetzjagden veranstaltet wurden. Begrenzt wird der Hof durch den Langen Gang mit 22 Rundbogenarkaden zwischen Schloss und Johanneum, dem einstigen Stallgebäude.

## FÜRSTENZUG  7  B3

An der Außenseite des Langen Ganges befindet sich der Fürstenzug, eine über 100 m lange Herrscherparade des Hauses Wettin auf fast 1000 m² Meissener Porzellan. 1872 bis 1876 hatte Wilhelm Walther das Riesenbild in Sgraffitotechnik auf die Mauer gemalt. Um 1900 zeigten sich Risse. Daraufhin übertrug man das Bild auf fast 25 000 Fliesen aus

Meissener Porzellan und setzte sie fugenlos in Zementmörtel ein – das größte Porzellanbild der Welt.

Umgeben vom Fußvolk sind 35 Markgrafen, Herzöge und Könige der Wettiner hoch zu Ross abgebildet – von Konrad dem Großen und Georg dem Bärtigen bis zum letzten Sachsenkönig Friedrich August III., der 1918 mit den Worten abdankte: »Dann macht doch euern Dreck alleene!« Auf die letzten Herrscher folgen bereits die selbstbewussten Bürger, darunter der Bildhauer Johannes Schilling, der Maler Ludwig Richter und der Schöpfer Wilhelm Walther selbst. Alle marschieren übrigens in umgekehrter Chronologie: vielleicht eine leise Kritik des Künstlers an den konservativen Dresdnern, die gern die glorreiche Vergangenheit beschwören?

## KATHEDRALE 8 📖 B3

Die ehemalige Katholische Hofkirche ist erst seit 1980 Kathedrale des Bistums Dresden-Meißen. Um König von Polen zu werden, konvertierte August der Starke 1697 zum Katholizismus. Für die Glaubensausübung benötigte man eine Kirche. Augusts Sohn und Nachfolger Friedrich August II. beauftragte den italienischen Architekt Gaetano Chiaveri, der im Jahr 1739 den Grundstein für die dreischiffige Sandsteinbasilika legte, allerdings später in Streit mit der Bauverwaltung geriet und Dresden im Zorn verließ. Seine Hofkirche, bis heute Sachsens größtes Gotteshaus, wurde von deutschen Baumeistern fertiggestellt und 1751 eingeweiht.

Charakteristisch für die Kathedrale sind der weithin sichtbare filigrane Turm und die Balustrade mit 78 über drei Meter hohen Heiligenstatuen.

Im ebenso schlichten wie eleganten Inneren besticht die Rokokokanzel des Zwinger-Bildhauers Permoser. Das Gemälde »Auferstehung Christi« über dem Hochaltar sowie die Bilder der Seitenaltäre schuf der Hofmaler Anton Raffael Mengs.

Für den Prozessionsumgang zwischen Hauptschiff und Seitenschiffen gibt es einen praktischen Grund: Prozessionen außerhalb der Kirche wurden im protestantischen Sachsen nicht geduldet. Dafür wurden die Katholiken mit Kirchenmusik entschädigt: Die Silbermann-Orgel mit 3000 Pfeifen erklingt außerhalb von Gottesdiensten und Konzerten Mi und Sa um 11.30 Uhr.

In den Grufträumen wurden die wettinischen Herrscher beigesetzt. August der Starke ruht jedoch neben den polnischen Königen im Krakauer Dom. Nur sein Herz wird in einer kupfernen Kapsel unter der Hofkirche aufbewahrt. Jedes Mal, wenn eine schöne Frau vorbeigeht, so heißt es, beginne es wieder zu schlagen (nur mit Führung Mo–Do 14, Fr–So 13 Uhr, Anmeldung: Tel. 03 51/484 47 12).

## STÄNDEHAUS 9 📖 B3

Neben dem Aufgang zur Brühlschen Terrasse steht das düstermonumentale Ständehaus. Wo sich ab 1907 der sächsische Landtag versammelte, residiert heute das Sächsische Landesgericht. Der Dresdner

Die Brühlsche Terrasse eignet sich bestens für eine Pause beim Sightseeing

Paul Wallot, Architekt des Berliner Reichstags, erbaute es 1901–07 anstelle des Palais des Grafen Brühl. Davor steht das Denkmal des ersten sächsischen Königs, Friedrich Augusts I., den Ernst Rietschel und Christian Daniel Rauch 1843 in Denkerpose verewigten.

## BRÜHLSCHE TERRASSE

**10** ⭐ ▯ C3

Die Brühlsche Terrasse gehörte einst zur Stadtbefestigung. Nachdem diese im 18. Jh. ihre militärische Bedeutung verloren hatte, verschenkte Kurfürst August III. einen Teil der Anlage an den Grafen Heinrich von Brühl ▸ S. 78, der einen Lustgarten und prunkvolle Gebäude errichten ließ, von denen keines erhalten blieb. Vom Schlossplatz führt eine **Freitreppe** auf die Terrasse. Gerahmt wird sie von Johannes Schillings Bronzefiguren der vier Tageszeiten: Morgen (oben links), Mittag (oben rechts), Abend (unten links) und Nacht (unten rechts).

Goethe nannte die Brühlsche Terrasse den »Balkon Europas«, pflegte hier doch die gute Gesellschaft mit ihren internationalen Gästen zu flanieren. Von der beliebten Promenade aus genießt man den herrlichen Blick auf die Elbe und hinüber in die Neustadt mit dem schwarzen Turm der Dreikönigskirche, dem sächsischen Finanzministerium und – mit rotem Dach und goldener Krone – der Staatskanzlei.

Beim Spaziergang begegnet man mehreren **Skulpturen,** darunter das 1872 von Johannes Schilling geschaffene Denkmal für den Dresdner Bildhauer Ernst Rietschel an der Stelle, wo einst sein Atelier stand. Unübersehbar ist die Sieben-Bastionen-Plastik (1990), eine Weltkugel aus Bronze. Sie verweist auf den Erlass Augusts des Starken, die sieben

Bastionen der Stadtbefestigung nach den damals bekannten Planeten zu benennen, sie steht aber auch für die durch Kriege bedrohte Welt. Der Legende nach drückte August der Starke außerdem mit seinem Daumen eine Delle ins Geländer am Ende der Terrasse.

## ZWISCHENSTOPP: CAFÉS

Für eine Pause auf der Brühlschen Terrasse sind zwei Cafés empfehlenswert, entweder das **Vis-à-vis** ❷ ▥ C3 in den Räumen der Sekundogenitur, dem Palais des zweitgeborenen Prinzen (An der Frauenkirche 5,

Tel. 0351/8642837), oder das nur von unten aus zugängliche **Kunst-Café Antik** ❸ ▥ B3 (Terrassengasse, Tel. 0351/4965217).

## KUNSTAKADEMIE 11 ▥ C3

Seit 1764 existiert in Dresden eine Kunstakademie, heute Hochschule für Bildende Künste. Sie bezog Ende des 19. Jhs. das Gebäude mit der markanten Glaskuppel, die von den Dresdnern Zitronenpresse genannt wird. Obenauf schwebt die vergoldete Fama, die römische Göttin für Kunst, Ruhm und guten Ruf (www.hfbk-dresden.de).

---

### 💬 BRÜHLSCHER LUXUS

Seine Karriere war atemberaubend: 1727 machte August der Starke Heinrich von Brühl, den mittellosen Spross seines Weißenfelser Schlossverwalters, zum Kammerjunker. Brühl zeigte sich äußerst kreativ: Im Juni 1730, beim »Zeithainer Lager«, ließ er eine 46 m hohe und 113 m breite Wand aus bemaltem Stoff aufspannen, die einen riesigen Palast vortäuschen sollte, bewirtete 30 000 Gäste und brannte das größte Feuerwerk ab, das Sachsen je gesehen hatte. August war begeistert. Sein träger Sohn und Nachfolger Friedrich August II., der nur durch Brühls diplomatisches Geschick wie sein Vater König von Polen wurde, ernannte den Emporkömmling 1738 zum Außenminister und 1746 zum Premierminister. Er übertrug ihm die »Chatouillengelder«, die Geheimausgaben des Landesherrn, für die er keine Belege brauchte – eine Blankovollmacht.

Von August III. ließ er sich auch den elbseitigen Teil der alten Festungsanlagen schenken, auf der er sich an der Ecke zur Augustusstraße sein Palais Brühl errichten ließ, dessen Bibliothek 62 000 Bücher fasste. Beim Aufbau der kurfürstlichen Gemäldesammlung fiel auch für Brühl einiges ab. Schließlich ließ er sich als Direktor der Porzellanmanufaktur Meissen das damals größte Porzellanservice produzieren. Die 2500 Teile bezahlte er natürlich nicht selbst. Brühl organisierte den Staat wie die Feste. Nur das Militär wurde kurz gehalten, was sich im Krieg gegen Preußen bitter rächen sollte. Die Staatsschulden wuchsen und wuchsen, ganze Städte lagen nach dem Krieg gegen Preußen in Schutt und Asche. Dem Schuldigen an der Misere – Brühl – sollte der Prozess gemacht werden. Der aber schlug seinen Widersachern ein letztes Mal ein Schnippchen: Im Oktober 1763 segnete er das Zeitliche.

Mit dem Gebäude verbunden sind die Staatlichen Kunstsammlungen im **Lipsiusbau**, die man durch einen tempelartigen Portikus betritt. Hier werden Wechselausstellungen vor allem zeitgenössischer Kunst gezeigt (www.skd.museum).

### ALBERTINUM 12 ⭐ 🔖 C3
Das 1884 von König Albert in Auftrag gegebene Gebäude ging aus dem Zeughaus (16. Jh.) hervor, von dem die Kellergewölbe, die durch toskanische Säulen geteilte Halle im Erdgeschoss und die beiden Westportale erhalten sind. Der Innenhof ist mit einem hochwassersicheren Werkstatt- und Depotbau überdacht.

Als Museum für Kunst von der Romantik bis zur Gegenwart beherbergt das Albertinum die **Galerie Neue Meister** und Teile der Skulpturensammlung. Den Auftakt des weitgehend chronologisch gestalteten Rundgangs bilden die Romantiker wie Caspar David Friedrich und Ludwig Richter. Es folgen Impressionisten, Expressionisten, Künstler der 1905 in Dresden gegründeten »Brücke«, Kunst der DDR und BRD. Gerhard Richter, dem Zeitgenossen mit Dresdner Wurzeln, sind eigene Räume gewidmet. ZUr Skulpturensammlung gehören Werke ab 1800, u. a. von Ernst Richter, und Auguste Rodin (Tzschirnerpl. 2, Tel. 03 51/49 14 20 00, www.skd. museum, Di–So 10–18 Uhr).

### BRÜHLSCHER GARTEN
Gegenüber kann man im Brühlschen Garten eine Pause einlegen. Der Delfinbrunnen stammt noch

Nachwuchs von der Kunstakademie

aus Brühls Zeiten. Die moderne Metallplastik dahinter erinnert an Caspar David Friedrich. Stufen führen hinunter zur **Böttger-Stele** 13 🔖 C3. August der Starke hielt Johann Friedrich Böttger zunächst auf der Festung Königstein ▸ S. 144, später in Dresden gefangen. »Hier in den Gewölben der alten Dresdener Festung entwickelte Böttger 1708 das Porzellan europäischer Art«, so die Gedenktafel.

### FESTUNG DRESDEN 14 🔖 C3
Mit dem Aufzug am Delphinbrunnen oder vom Terrassenufer aus gelangt man in Dresdens Unterwelt. Unter der Brühlschen Terrasse sind noch die alten Kasematten, Gewölbe und sogar ein Stadttor erhalten. Die neue multimediale Ausstellung

»Feste. Dramen. Katastrophen. So nah wie nie« will ab 2020 die Besucher mit allen Sinnen in die vergangenen Zeiten eintauchen lassen (www.festung-dresden.de).

Unterhalb des Brühlschen Gartens steht das **Moritzmonument** von 1555. Das älteste Denkmal der Stadt zeigt den sterbenden Kurfürsten Moritz, der seinem Bruder August das Kurschwert übergibt.

## NEUE SYNAGOGE 15 📖 C3

Der 2001 eingeweihte Bau besteht aus zwei fast fensterlosen Quadern. Der größere in sich gedrehte ist die eigentliche Synagoge, der kleinere das Gemeinde- und Begegnungszentrum. Im Hof ist der Grundriss der 1938 zerstörten Synagoge von Gottfried Semper eingelassen (Hasenberg 1, Tel. 03 51/802 04 80, Führungen nach Voranmeldung).

## FRAUENKIRCHE 16 ⭐5 📖 C3

Die 95 m hohe Kuppel der Frauenkirche überragt die Altstadt. Kaum zu glauben, dass die Kirche, die von 1945 bis 1993 ein mahnender Trümmerhaufen war, erst seit 2005 wieder im alten Glanz erstrahlt.

Als August der Starke zum Katholizismus konvertierte, rissen die Dresdner Bürger die alte (ursprünglich katholische) Kirche ab, um ihr Selbstbewusstsein in einem mächtigen Kirchenbau zu demonstrieren, den sie durch Spenden und den Verkauf von Grabstätten und Logenplätzen in der ersten Empore finanzierten. George Bähr plante – in Anlehnung an italienische Kirchenbauten – eine gewaltige Sandstein-

kuppel und schuf damit ein architektonisches Meisterstück, das 1743 fertiggestellt wurde. Fast schien es, als hätte die »steinerne Glocke« das Inferno vom 13. Februar 1945 überstanden, doch fiel sie am Folgetag ausgeglüht in sich zusammen. Erst nach der Wende wurde der Wiederaufbau realisiert – dank einer Bürgerinitiative, die einen Großteil der Baukosten von 130 Mio. Euro durch Spenden sammelte.

Da der Kirchenbau mit einer geringen Grundfläche auskommen musste, strebt der Innenraum mit seinen vielen geschwungenen Emporen auf fünf Ebenen in die Höhe. Der Altar von Johann Christian Feige wurde aus Tausenden von Bruchstücken zusammengefügt und vom Dresdner Bildhauer Vinzenz Wanitschke ergänzt. Darüber erhebt sich die gewaltige Orgel, die äußerlich dem ursprünglichen Werk Silbermanns gleicht. Bach gab darauf 1736 das erste Orgelkonzert. Der Maler Christoph Wetzel gestaltete die barocken Deckengemälde nach.

Beim Blick von der Kuppel entfaltet sich das fantastische Panorama der Altstadt und des Elbtals (www.frauenkirche-dresden.de, Besichtigung: Mo–Fr 10–12, 13 bis 18 Uhr, Sa/So laut Veranstaltungskalender, Kuppel: März–Okt. Mo bis Sa 10–18, So 12.30–18, sonst bis 16 Uhr).

## NEUMARKT 17 📖 B/C3

Der Neumarkt gilt als bedeutendstes aktuelles Wiederaufbauprojekt Deutschlands und wurde bereits mehrfach preisgekrönt, obwohl die

Das Verkehrsmuseum zeigt im historischen Bau des Johanneums technischen Fortschritt

angrenzenden Quartiere noch immer nicht ganz fertig sind.

Neben der Frauenkirche ist das barocke **Coselpalais** u. a. mit guten Restaurants wiedererstanden. Ihm schließt sich das sogenannte Kurfürstenquartier an, dessen Fassaden barocken Bürgerhäusern aus dem 18. Jh. nachempfunden sind. Daneben schiebt sich im Halbkreis eine Häuserzeile in den Platz, bei der auf jede historisch nachgestaltete Fassade eine moderne folgt.

Auf der Südostseite steht längst wieder das **Hotel de Saxe**, in dem 1845 Clara Schumann das Klavierkonzert ihres Mannes Robert zur Uraufführung brachte und das 1888 abgerissen wurde. Vor dem benachbarten Barockbau erhebt sich das Denkmal für Friedrich August II. (1867, von Ernst Hähnel). Die Mitte des Platzes schmückt ein Luther-Denkmal. Dessen Kopf gestaltete Ernst Rietschel.

Im Süden wird der Platz vom wieder aufgebauten Haus des Komponisten Heinrich Schütz abgeschlossen, in dessen Sandsteinerker originale Reliefs integriert wurden. Das Haus beherbergt heute eine Seniorenresidenz.

Die Ladenfront an der 2018 fertig gestellten Westseite entspricht inzwischen wieder den ursprünglichen Plänen Gottfried Sempers.

Im Südwesten entstanden weitere Neubauten nach historischem Vorbild, darunter die von Pöppelmann entworfene geschwungene Rokokofassade für den Juwelier Dinglinger, hinter der sich heute das Hotel Amedia Plaza verbirgt. So wird der **Jüdenhof** vor dem Johanneum wieder als Platzanlage erlebbar. Sein Name geht zurück auf das jüdische Ghetto, das sich im MIttelalter an dieser Stelle befand.

An der Nordseite lädt die **QFPassage** zum Flanieren ein. Während die Fassaden zur Töpfergasse hin modern gestaltet sind, wurden die am Neumarkt historisch gehalten. Das halbrunde Viennahouse QF Hotel › S. 30 zitiert die Fassade des Vorgängerhotels, in dem einst Chopin und Dostojewski logierten.

## JOHANNEUM 18 B3

Das Johanneum, das seinen Namen einem Umbau durch König Johann verdankt, bildet den nordwestlichen Abschluss des Neumarkts. Der Türkenbrunnen davor, 1616 als Friedensbrunnen errichtet und seit 1683 von der Siegesgöttin Victoria gekrönt, erinnert an die Verdienste des Kurfürsten Johann Georg III. bei der Befreiung Wiens von den türkischen Belagerern.

Das Gebäude entstand Ende des 16. Jhs. als kurfürstlicher Pferdestall im Renaissancestil und wurde später mehrmals umgestaltet. 1729 bekam es die doppelläufige Freitreppe. Seit 1956 ist hier das Verkehrsmuseum ansässig. Attraktionen sind die 1861 in Chemnitz gebaute Dampflok »Muldenthal«, der älteste erhaltene Straßenbahnwagen Deutschlands und die Oldtimersammlung (Augustusstr. 1, Tel. 03 51/864 40, www.verkehrsmuseum-dresden.de, Di–So 10–18 Uhr).

Zwischen Schloss, Stallhof und Johanneum greift ein Hotel- und Wohnkomplex die historischen Fassaden, Baukörper, Gassen und Höfe wieder auf. Eine Statue zur Schlossstraße hin erinnert an das einstige Wohnhaus des Zwingerbaumeisters Pöppelmann.

## INFO

Einen Überblick über Geschichte und weitere Zukunft des Neumarkts bietet der **Infopavillon** einer Bürgergesellschaft mit großem Modell gegenüber von Polizeipräsidium und Stadtmuseum (www.neumarkt-dresden.de).

## RESTAURANTS

Zahlreiche Lokale gibt es rings um den Neumarkt und in der Münzgasse. Viele von ihnen bieten Spezialitäten der Sächsischen Küche an und sind auf großen Besucherandrang eingestellt. Auch für die gehobene internationale Kettengastronomie ist die Gegend um den Neumarkt inzwischen äußerst lukrativ.

### Kurfürstenschänke €€ C3

Bürgerliche Küche, üppige Torten, im Obergeschoss prachtvoll mit Dresdner Porzellan ausgestattet. Uriger Zechkeller. › mehr S. 15 Punkt ⓴
- An der Frauenkirche 13
  01067 Dresden
  Tel. 03 51/42 44 82 80
  www.kurfuerstenhof-dresden.de

### Gasthaus am Neumarkt € C3

Relativ preisgünstiges Lokal mit sächsischer Küche in einer Seitenstraße nahe der Frauenkirche.
- An der Frauenkirche 13
  (Eingang Salzgasse)
  01067 Dresden
  Tel. 03 51/32 36 72 10
  www.gasthaus-am-neumarkt.de

## VOM MITTELALTER ZUR MODERNE

**VERLAUF:** Altmarkt > Landhaus > Rathaus > Prager Straße > Hauptbahnhof

**KARTE:** Seite 69
**DAUER:** 1–3 Std.
**PRAKTISCHE HINWEISE:**
- Dieser Weg lässt sich an den vorhergehenden Rundgang anschließen. Man erreicht den Altmarkt aber auch bequem mit den Straßenbahnen 1, 2, 4 oder lässt sein Auto in der neuen Tiefgarage stehen. Der Rundgang selbst dauert nur eine Stunde.
- Zwei weitere Stunden sollte man einplanen, wenn man das Stadtmuseum anschaut oder auf der Prager Straße shoppen gehen möchte.

## TOUR-START:
### ALTMARKT 19 6 ◼ B3

Der 1370 erstmals urkundlich erwähnte Altmarkt bildete den Kern der mittelalterlichen Stadt: Hier schlugen die Handwerker ihre Verkaufsstände und die Schausteller ihre Jahrmarktsbuden auf; vornehme Patrizierhäuser säumten den Platz. Flächenmäßig ist der Altmarkt nach seiner fast vollständigen Zerstörung von 1945 um mehr als das Doppelte gewachsen. An seiner Ost- und Westseite entstanden in den 1950er-Jahren repräsentative Wohn- und Geschäftshäuser im typischen Stalin-Barock, z. T. mit schönen Sandsteinarkaden. 1969 folgte im Norden der nüchternere Kulturpalast. Die Südseite wurde erst nach der Wende bebaut.

### STRIEZELMARKT
Übers Jahr finden auf dem Altmarkt mehrere Märkte statt, deren schönster der 1434 gegründete **Striezelmarkt** in der Adventszeit ist. Er gilt als Deutschlands ältester Weihnachtsmarkt. Dann locken Bratwürste, aus den Zapfhähnen fließen Eibauer Schwarzbier und Radeberger Pilsner, verführerisch duften die sächsischen Quarkkäulchen, Dresdner Stollen und Pulsnitzer Pfefferkuchen. An den Buden werden Nussknacker aus dem Erzgebirge, Töpferwaren und Leinenwäsche aus der Oberlausitz angepriesen. Kinder erfreut eine Spielhütte, die mit 14 m höchste Erzgebirgspyramide der Welt und ein begehbarer Schwibbogen. 2020 soll der Altmarkt umgebaut werden, der Striezelmarkt daher für ein Jahr auf den Ferdinandplatz umziehen.

### ALTMARKTGALERIE 20 ◼ B3
Von den Arkaden führt über die Webergasse ein Durchgang zur Altmarkgalerie, einer Einkaufspassage mit über 200 Geschäften, Restaurants und Cafés. Über dem Torbogen fällt ein typisches Motiv des Sozialistischen Realismus ins Auge: eine Mutter, die ihr spielendes Kind auf den Knien hält.

## KULTURPALAST 21 📖 B3

Der mächtige Kulturpalast ist ein typisches Beispiel für den Zweckstil der Architektur der 1960er-Jahre. 15 Jahre nach der Wende wurde zur Schlossstraße hin das vorher verhangene überdimensionale Wandbild »Der Weg der roten Fahne« wieder sichtbar gemacht. Gerhard Bondzins Monumentalbild ist eines der wenigen noch erhaltenen Beispiele für Kunst am Bau im Stil des Sozialistischen Realismus. Das Äußere des »Kulti« steht unter Denkmalschutz. Im Inneren hat die Dresdner Philharmonie einen modernen Konzertsaal erhalten. Auch das Kabarett Herkuleskeule und die Stadtbibliothek sind hier zu Hause.

## KREUZKIRCHE 22 ⭐ 📖 B3

Die Kreuzkirche ist das einzige alte Gebäude am Platz. Ein Gotteshaus aus dem 12. Jh. war hier dem hl. Nikolaus geweiht. Markgraf Heinrich der Erlauchte stiftete ihm einen Holzsplitter vom Kreuz Christi. Für die Reliquie wurde 1235 die Kreuzkapelle angebaut, deren Name später auf die Kirche überging. Nach

---

### 💬 DER 13. FEBRUAR 1945

Die Stadt galt als »sicherster Luftschutzkeller des Reiches«. Sie war voller Flüchtlinge, Kriegsgefangener und Verwundeter. Sie alle glaubten, der Ruhm der schönen Stadt würde sie vor Bomben schützen. Winston Churchill und sein Luftmarschall Sir Arthur Harris jedoch verfolgten das Ziel, mit einem Schlag gegen eine bisher unversehrte Großstadt den Rest der Kampfmoral der Deutschen zu brechen und Stalin gleichzeitig die Schlagkraft der westlichen Alliierten zu demonstrieren.

Am frühen Abend des 13. Februar 1945 starteten 245 Lancaster-Bomber von ihren englischen Stützpunkten und nahmen Kurs auf Dresden. Um 21.55 Uhr meldete der Rundfunksprecher aus dem Keller des Albertinums den Anflug starker Luftverbände. Um 22.13 Uhr detonierten die ersten Bomben. Eine knappe halbe Stunde dauerte der Angriff, der die Innenstadt in ein flammendes Inferno verwandelte. Am nächsten Tag warfen noch einmal mehr als 500 B-17-Bomber der US-Luftwaffe ihre tödliche Last ab und beschossen die sterbende Stadt mit Bordwaffen. Die ausgeglühte Kuppel der Frauenkirche stürzte in sich zusammen. Die Industriegebiete Dresdens und die Kasernen im Norden blieben dagegen weitgehend unversehrt.

Gerhart Hauptmann beobachtete das Flammenmeer vom Sanatorium Weidner in Oberloschwitz aus. »Wer das Weinen verlernt hat, der lernte es wieder beim Untergang Dresdens«, schrieb er später. Historiker gehen mittlerweile von über 20 000 Toten aus. Die Innenstadt war nur noch ein riesiges Ruinenfeld. Erich Kästner erkannte seine Heimatstadt nicht wieder und schrieb erschüttert: »Ich stand in einer kilometerlangen, kilometerbreiten Leere. In einer Ziegelsteppe. Im Garnichts.«

dem Stadtbrand von 1491 errichtete man anstelle der romanischen Basilika eine gotische Hallenkirche, in der 1539 der erste lutherische Gottesdienst in Dresden stattfand. Die Zerstörung 1760 durch preußische Truppen im Siebenjährigen Krieg, die Canaletto malerisch festhielt, bescherte Dresden einen spätbarock-klassizistischen Neubau.

Die schwarze Farbe des Sandsteins rührt nicht von Luftverschmutzung her. Da der Sandstein viel Mangan und Eisen enthält, verrostet er beim Kontakt mit Wasser und erhält so seine schwarze Patina.

Der 1945 weitgehend zerstörte **Innenraum** wurde bis 1955 in einfacher Form wiederhergestellt. Rechts vom Haupteingang erinnert eine Kapelle an den Komponisten Heinrich Schütz, der 1615 bis 1672 Hofkapellmeister war und der protestantischen Kirchenmusik wichtige Impulse gab. Ende der 1980er-Jahre war die Kreuzkirche mit den Friedensgebeten ein wichtiger Treffpunkt der DDR-Opposition. Musik erklingt hier nicht nur während der Gottesdienste und Konzerte des berühmten Kreuzchors, sondern auch bei vielen anderen Konzerten und Orgelvorführungen (Ostern–1. Advent Di, Do 15 Uhr).

Der Aufstieg über 256 Stufen auf den 92 m hohen **Glockenturm** der Kreuzkirche wird mit einem schönen Ausblick über die Innenstadt und bei klarem Wetter ins Umland belohnt (www.kreuzkirche-dresden. de, Ostern–Okt. Mo–Fr 10–17.30, Sa 10–14.30, So 12–17.30, Nov. bis Ostern 10–15.30 Uhr).

## WEISSE GASSE

Die Figur des **Gänsedieb-Brunnens** 23 ▮ B3 in der Weißen Gasse geht auf einen gewissen Thomas Platter zurück, der um 1512 als Schüler nahe Dresden auf frischer Tat beim Gänseklauen ertappt wurde. Der Bildhauer Robert Diez, der auch die beiden großen Brunnen auf dem Albertplatz › S. 100 schuf, verewigte ihn 1878. Ringsherum liegt Dresdens Altstädter **Kneipenviertel**.

### RESTAURANTS

**Der Gänsedieb** €€ ▮ B3
Sächsische und internationale Küche, natürlich auch mit leckeren Gänsegerichten.
• Weiße Gasse 1 | 01067 Dresden
Tel. 03 51/485 09 05
www.gaensedieb.de

**Rauschenbach Deli** €€ ▮ B3
Am Wochenende eine beliebte Adresse zum Brunchen.
• Weiße Gasse 2 | 01067 Dresden
Tel. 03 51/821 27 60
www.rauschenbach-deli.de

**Trödelschänke** €€ ▮ B3
Café und Museum in einem. Vor allem die Dresdner Eierschecke wird gelobt.
• Gewandhausstr. 9
01067 Dresden
Tel. 03 51/481 70 48
www.troedelschaenke.de

**Café Aha** € ▮ B3
Bioküche, viele vegetarische Gerichte it Produkten von regionalen Erzeugern.
• Kreuzstr. 7 | 01067 Dresden
Tel. 03 51/496 06 73
www.ladencafe.de

## LANDHAUS 24 🏛 B3

Zur Wilsdruffer Straße hin zeigt das ausladende spätbarocke Landhaus seine ehemalige Gartenseite. Das viergeschossige Gebäude mit Mansardendach entstand 1770 bis 1776 als Versammlungshaus der sächsischen Landstände. Das im klassizistischen Stil gehaltene Eingangsportal, dessen sechs dorische Säulen den Balkon tragen, liegt auf der Rückseite. Im Innern des Hauses findet die stattliche Fassade ihre Entsprechung: Eine doppelläufige, reich geschmückte Rokokotreppe führt zur Balustrade hinauf.

Das Landhaus beherbergt mehrere Museen. Das **Stadtmuseum** informiert mit Bildern, Modellen, Architekturfragmenten und Möbelstücken über die wechselvolle Dresdner Stadtgeschichte. Die **Städtische Galerie** zeigt ihre Kunstsammlung mit Werken vor allem des 20. und 21. Jhs. sowie Sonderausstellungen im 1. Obergeschoss (Wilsdruffer Str. 2, Tel. 03 51/488 73 01, www.stmd.de, Di bis So 10–18, Fr bis 19 Uhr).

## GEWANDHAUS 25 🏛 C3

Nachdem das alte Gewandhaus am Neumarkt im Siebenjährigen Krieg zerstört worden war, entstand hier 1768–1770 der Nachfolgebau. Das Gebäude diente einst als eine Art Kaufhaus, in dem vor allem mit Textilien gehandelt wurde. Im Untergeschoss befanden sich außerdem bis zum Ende des 19. Jhs. die Dresdner Fleischbänke.

Bereits seit den 1960er-Jahren beherbergt das originalgetreu wiedererrichtete Gewandhaus ein Hotel (www.gewandhaus-hotel.de). An seiner Rückseite steht seit 1966 der **Dinglinger-Brunnen**. Der wuchtige barocke Wandbrunnen stammt aus dem ehemaligen Wohnhaus von Johann Melchior Dinglinger, der es als Hofgoldschmied und Juwelier bei August dem Starken zu einem großen Vermögen brachte.

## RATHAUS 26 🏛 B/C3

Das Neue Rathaus mit seinen sechs Innenhöfen bedeckt eine Fläche von 13 000 m² und wurde 1910 vollendet. Sein 98 m hoher **Turm** ist zu einem Wahrzeichen der Stadt geworden. Von der mit Sandsteinfiguren geschmückten, derzeit nicht zugänglichen Aussichtsplattform in 68 m Höhe wurde 1945 das berühmte Foto aufgenommen, auf dem die Sandsteinfigur »Güte« auf das zerstörte Dresden blickt. Auf der Turmspitze thront der vergoldete **Rathausmann**. Die 5 m hohe Herkulesskulptur schüttet ihr Füllhorn über der Stadt aus.

Zwei Bronzelöwen bewachen die mit vergoldeten schmiedeeisernen Gittern verzierte **Goldene Pforte** am Rathausplatz. Während der Amtsstunden lässt sich ein Blick ins **Jugendstiltreppenhaus** werfen.

Vor dem Eingang zum Ratskeller, der inzwischen als Kantine genutzt wird und öffentlich nicht zugänglich ist, reitet Dionysos auf einem betrunkenen Esel. Die rechte, große Zehe des Weingottes ist blank poliert, denn ihre Berührung soll vor den bösen Folgen des Alkoholgenusses schützen.

Jugendstiltreppenhaus im Rathaus

An der **Trümmerfrau**, die seit 1952 an die Leistungen der Dresdner Frauen in den Nachkriegsjahren erinnert, spaziert man auf dem Dr.-Külz-Ring am Rathaus vorbei. An der Straßenbahnhaltestelle Prager Straße steht der Pavillon von **Haselbauer-Eis**, einer Kultmarke aus DDR-Zeiten. Mit der Wende kam zunächst das Aus, bis findige Unternehmer die alte Marke wieder aufleben ließen. Köstlich! (Dr.-Külz-Ring 14, www.haselbauer-eis.de, Sommer Mo–Sa 10–20, So 13–18, Dez.–Febr. Mo–Sa, Advent: So 12 bis 19 Uhr). › mehr S. 15 Punkt ⓳

## PRAGER STRASSE

Beim Karstadt-Gebäude beginnt die Prager Straße, eine belebte Fußgängerzone, die nach 1945 neu erbaut wurde und den Altmarkt mit dem Wiener Platz am Hauptbahnhof verbindet. Die **Centrum-Galerie** 27 ▯ C4 mit ihren rund 100 Geschäften greift in der Fassade die Wabenstruktur des Centrum-Warenhauses aus DDR-Zeiten auf, das dem neuen Einkaufstempel weichen musste. Am neuen Gebäude verengt sich die Prager Straße auf ihre ursprünglichen 18 m – wie vor 1945. In der Fußgängerzone fällt die Monumentalskulptur »Völkerfreundschaft« (1986) des Bildhauers Wolf-Eike Kuntsche ins Auge.

Durch Kaufhäuser mittlerweile fast verdeckt sind das im Durchmesser 30 m große **Rundkino** 28 ▯ C4 aus den 1970er-Jahren (Prager Str. 6, www.cineplex.de) und der **Ufa-Kristallpalast**, ein futuristisch anmutender Bau der Wiener Stararchitekten von Coop Himmelb(l)au (St.-Petersburger-Str. 24a, www.ufa-dresden.de).

Der Boulevard wurde 1963–70 nach dem Vorbild der Fußgängerzone »Lijnbaan« in Rotterdam gestaltet. Die Ibis-Hotelhochhäuser wurden saniert › S. XX. Eins davon spricht inzwischen als The Student Hotel mit englischsprachigem Konzept internationale junge Gäste an. Ein anderer Block wurde mit Panoramafenstern ins Designhotel Pullman Dresden verwandelt (Prager Str. 2c, Tel. 03 51/481 40, www.pullmanhotels.com).

Der **Hauptbahnhof** 29 ▯ C4 entstand um 1892 als seltene Kombination aus Kopf- und Durchgangsbahnhof. Beim Umbau nach den Plänen des britischen Stararchitekten Sir Norman Foster erhielt die historische Eisenkonstruktion 2001 ein Teflondach.

# WESTLICH DES ZENTRUMS

**VERLAUF:** Theaterplatz › Landtag › Yenidze › Marcolinipalais › Dresdner Messe

**KARTE:** Seite 88
**DAUER:** 2 Std.
**PRAKTISCHE HINWEISE:**
• Mit der Straßenbahn 4, 8 oder 9 beginnt man am besten am Theaterplatz. Autofahrer parken in der Tiefgarage der Semperoper zwischen Oper und Landtag.

• Diese Tour lässt sich bei schönem Wetter ganz bequem mit dem Fahrrad absolvieren.
• Vom Endpunkt Messe fährt die Straßenbahn 10 ins Zentrum zurück.

**TOUR-START:**
## NEUE TERRASSE

Die sächsischen Parlamentarier haben einen beneidenswerten Blick, vor allem vom Restaurant Chiaveri aus, das mit großen Panoramafenstern und Sonnenterrasse das moderne **Landtagsgebäude** 30 ▯ B2 von Peter Kulka bekrönt. Einblicke in die politische Arbeit kann man beim Besuch im Landtag gewinnen oder aber beim Spaziergang entlang der Terrasse durch die hohe Glasfront des runden Plenarsaals.

## TOUR SÜDLICH DER ELBE

TOUR ❸

**WESTLICH DES ZENTRUMS**

30 Landtag
31 Yenidze
32 Marcolinipalais
33 Dresdner Messe

Direkt gegenüber erinnert ein Bronzedenkmal (2006) an den russischen Dichter Fjodor Dostojewski, der einige Zeit in Dresden lebte. Der große Bau dahinter ist der 1913 errichtete Erlweinspeicher ▸ S. 56, Sachsens erstes Stahlbetongebäude in Skelettbauweise, und heute ein Kongresshotel. Am Kongresszentrum daneben führt die langsam ansteigende rampenartige Terrasse in eine aussichtsreiche Position mit herrlichem Blick auf Dresden.

## YENIDZE 31 ⭐ 📖 A2

Zigarrenfabrikant Hugo Zietz dachte fortschrittlich: Nicht nur seine Zigarren der Marke »Salem Aleikum« sollten den Traum des Orients verkörpern, sondern auch die Tabakfabrik selbst. Und so beauftragte er den Architekten Hermann Martin Hammitzsch, bis 1909 den

Industriebau im Stil Kairoer Moscheen zu errichten.

Für den Namen stand das türkische Yenidze Pate, aus dem ein Großteil des verarbeiteten Tabaks stammte. Heute kann man unter der imposanten Glaskuppel regelmäßig stimmungsvollen Märchenlesungen lauschen (www.1001maerchen.de).

## FRIEDRICHSTRASSE

Die Friedrichstraße macht zunächst einen zerstückelten Eindruck. Liebevoll restaurierte Barockhäuser wechseln sich mit Baulücken oder überdimensionierten Bürogebäuden ab. Und doch lohnt sich ein Bummel durch die Sraße. Im Gartenhaus der Nr. 44 wurde der Maler Ludwig Richter geboren. Schräg gegenüber markiert eine Bronzetafel eine der Dresdner Wohnungen von Richard Wagner. Das Gebäude

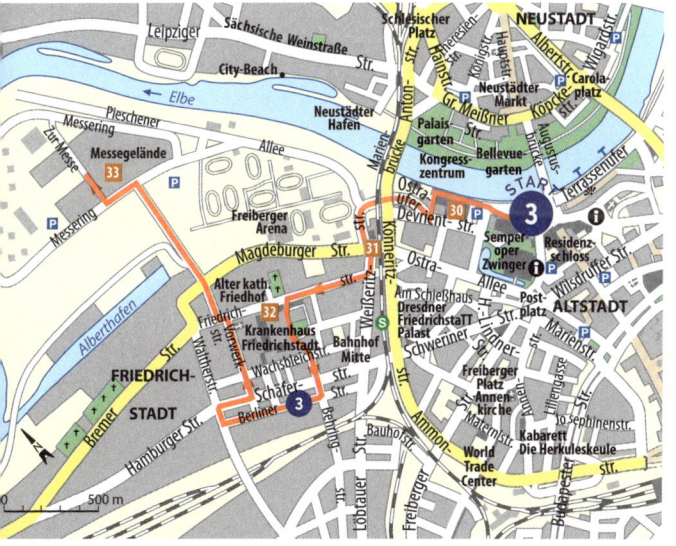

Der Blick vom nördlichen aufs südliche Elbufer schweift zu Kongresszentrum und Yenidze

gehört schon zum Komplex des **Marcolinipalais** 32 A2. Napoleon wohnte hier 1813 für ein paar Tage. Die von ihm genutzten Räume sind gut erhalten (Besichtigung mit Anmeldung: Tel. 03 51/480 31 04). Das Palais wurde im 19. Jh. als Lazarett und Krankenhaus genutzt, Heute ist es Teil des städtischen Klinikums.

Am Ende des Krankenhausgartens versteckt sich der **Neptunbrunnen** (1744), Dresdens größte barocke Brunnenanlage.

Gegenüber vom Krankenhaus lohnt sich ein Besuch des **Alten katholischen Friedhofs,** auf dem Persönlichkeiten wie der Komponist Carl-Maria von Weber oder der Maler Gianbattista Casanova, erster Direktor der Dresdner Kunstakademie und Bruder des berüchtigten Frauenheldens, begraben sind.

Ein Abstecher in die **Berliner Straße 60** führt zu weiterer Kunstprominenz. Hier mietete sich 1905 »Die Brücke« ein. Die Maler Ernst Ludwig Kirchner, Erich Heckel, Karl Schmidt-Rottluff und Fritz Bleyl ließen sich von der Atmosphäre des Arbeiterviertels inspirieren.

### DRESDNER MESSE 33 A1

Über die Elbflutrinne erreicht man vom Alberthafen aus das Messegelände. Stadtbaurat Hans Erlwein ließ auf dem Gelände von 1902 bis 1910 den aus 68 Gebäuden bestehenden Städtischen Vieh- und Schlachthof errichten. Dieser wurde als Schauplatz des autobiografisch geprägten Romans »Slaughterhouse Five« (1969) des US-Amerikaners **Kurt Vonnegut,** der als Kriegsgefangener die Bombardierung Dresdens im Februar 1945 miterlebt hatte, weltweit bekannt.

Seit 1999 sind die meisten Gebäude in einer gelungenen Synthese aus Alt und Neu in die Messe integriert. Dinnertheater und Partys gibt es am Messeteich im **Erlwein Capitol** (www.ostrapark.de).

# RUND UM DEN GROSSEN GARTEN

**VERLAUF:** Straßburger Platz › Gläserne Manufaktur › Botanischer Garten › Gartenpalais › Carolasee › Zoo › Deutsches Hygiene-Museum

**KARTE:** Seite 88
**DAUER:** 4–6 Std.
**PRAKTISCHE HINWEISE:**
- Startpunkt ist der Straßburger Platz, mit der Straßenbahn (1, 2, 4, 10, 12, 13) gut erreichbar.
- Parkplätze gibt es entlang der Cockerwiese zwischen Hygiene-Museum und Gläserner Manufaktur. Nur freitags wird es hier eng; da findet der Sachsenmarkt, der stadtgrößte Wochenmarkt, statt.

## TOUR-START:

Der Großen Garten ist eine ausgedehnte grüne Oase mitten in der Stadt, wo man spaziert, radelt, sich sonnt, faulenzt oder flirtet. Rund 1500 **Skulpturen** aus Sandstein und Marmor zierten ihn im 18. Jh. Einige davon sind noch erhalten, z. B. die Üppigkeitsvase an der Südostseite des Palaisteiches. Sie zeigt Szenen aus dem Leben Alexanders des Großen. Der Italiener Antonio Corradini hat sie wie die Kentaurengruppen auf der anderen Seite des Palais 1722 geschaffen. Prominent steht dort auch die Skulptur »Die Zeit entführt die Schönheit« von Pietro Balestra. Jüngeren Datums ist der Mosaikbrunnen nahe der Hauptallee; Hans Poelzig schuf ihn 1926 für die Gartenbauausstellung.

## GLÄSERNE MANUFAKTUR

**34** 📕 D4

An der Ecke zum Straßburger Platz entstand Ende des 19. Jhs. ein Ausstellungspalast, in dem 1911 die »Internationale Hygiene-Ausstellung« stattfand – Anstoß für den Bau des Deutschen Hygiene-Museums › S. 94. Heute beherrscht die Gläserne Manufaktur des Volkswagenwerks mit einem 40 m hohen Glasturm den Platz. Hier wurde von 2002–16 das Luxusauto »Phaeton« gefertigt. Seit 2017 ist sie Aushängeschild für die Elektromobilität von VW. Die Fahrzeugmontage erfolgt auf mehreren Etagen, die Autos ziehen auf einem beweglichen Holzparkettboden vorbei und die Arbeiter tragen weiße Handschuhe. Die Anlieferung der Teile besorgt eine umweltfreundliche Güterstraßenbahn. Das Foyer schmücken historische Fahrzeuge (Lennéstr. 1, Tel. 03 51/420 44 11, www.glaesernemanufaktur.de, Besichtigung und Probefahrten mit Anmeldung, Mo–Fr 8.30–19, Sa/So 9–18 Uhr).

## ZWISCHENSTOPP: RESTAURANT
**e-Vitrum** ❹ €€€ 📕 D4

Das Gourmetrestaurant des Dresdner Spitzenkochs Mario Pattis in der Gläsernen Manufaktur setzt auf Kreativität
- Lennéstr. 1 | 01069 Dresden
Tel. 03 51/ 420 42 50
www.vitrum-dresden.de

## BOTANISCHER GARTEN `35` 📖 D4

Auf mehr als 3 ha Grundfläche sind ca. 9000 Pflanzenarten beheimatet. In vier **Gewächshäusern** gedeihen tropische und subtropische Pflanzen. Auch das schön angelegte Freigelände lohnt den Besuch (www.tu-dresden.de/bg, April–Sept. Freiland 8–18, Gewächshäuser 10–18, sonst alles März, Okt. 10–17, Febr., Nov. 10–16, Dez./Jan. 10–15.30 Uhr).

## GROSSER GARTEN ⭐

Der Große Garten ist mit 2 km Länge und 1 km Breite der größte Park der Stadt. Er wurde Ende des 17. Jhs. als Lustgarten im französischen Stil angelegt und später zu einem Landschaftsgarten umgestaltet. Heute ist es ein Volksgarten mit modernem Zoo (www.zoo-dresden.de) und vielen Kulturveranstaltungen im Sommer, u. a. auf der Frei-

lichtbühne »Junge Garde« aus den 1950er-Jahren, im barocken Palais, in Park- oder Puppentheater.

Die von Schülern betriebene Parkeisenbahn wird gezogen von einer grünen Minidampflok aus dem Jahr 1925 oder einer Elektrolok. Sie fährt auf ihrer 5,6 km langen, 30-minütigen Runde fünf Bahnhöfe an (Tel. 03 51/445 67 95, www.parkeisenbahn-dresden.de, April–Okt. Di–So 10–18 Uhr).

## GARTENPALAIS `36` 📖 D5

Im Zentrum der Grünanlagen steht das Gartenpalais, das als frühester Barockbau in Kursachsen gilt. Der dreigeschossige Bau über H-förmigem Grundriss entstand 1678 bis 1683 nach Plänen des Oberlandbaumeisters Johann Georg Starcke. Gegliederte, mit Sandsteinplastiken geschmückte Fassaden zitieren fran-

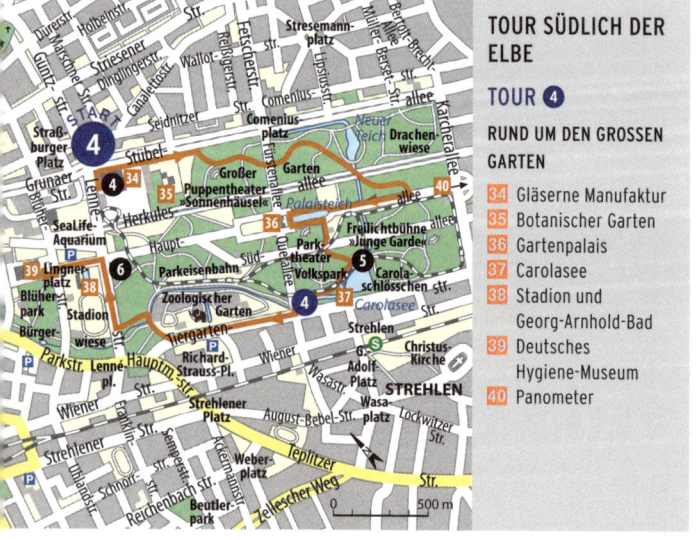

Die Gläserne Manufaktur setzt architektonisch einen neuen Akzent am Großen Garten

zösische Vorbilder. Seitlich führen Freitreppen zu den Festsälen hinauf, deren prunkvolle Ausstattung 1945 zerstört wurde. Hier finden heute Konzerte statt. Im Erdgeschoss des Gebäudes werden Originale sächsischer Barockskulpturen gezeigt, die an den ursprünglichen Standorten meist durch Kopien ersetzt wurden (Hauptallee 5, Tel. 03 51/445 66 00, www.grosser-garten-dresden.de, Führungen April bis Okt. Mi 14.30 Uhr).

### PARKTHEATER

Das Theater wurde als Freilichtbühne angelegt und 1719 im Beisein Augusts des Starken eröffnet. Drei Sandsteinskulpturen aus der Werkstatt Permosers nahe der Bühne, Dionysos, Satyr und Faun, symbolisieren barocke Sinnesfreude.

## CAROLASEE 37 ◼ D/E5

Am Seeufer kann man unter Kastanien spazieren gehen und den Enten auf dem Wasser zusehen. Der Biergartenkiosk verleiht Ruderboote (www.grosser-garten-dresden.de, März–Mitte Oktober Mo–Fr 11–19, Sa/So 10–19 Uhr).

### ZWISCHENSTOPP: CAFÉ

**Carolaschlösschen** ❺ €€ ◼ E5
Seit 1895 ein beliebtes Ausflugsziel.
• Querallee 7 | 01219 Dresden
Tel. 03 51/ 250 60 00
www.carolaschloesschen.de.

## RUDOLF-HARBIG-STADION UND GEORG-ARNHOLD-BAD 38 ◼ C4

Westlich des Großen Gartens steht die Spielstätte des Fußballklubs Dynamo Dresden (www.dynamo-dresden.de), der seine größten Erfolge in den 1970er-Jahren feierte, als man fünf Mal DDR-Meister und zwei Mal Pokalsieger wurde und international im Europapokal spielte. Das Georg-Arnhold-Bad nebenan verfügt über ein Freibad mit Liegewiese und Beachvolleyplatz sowie einen ganzjährig geöffneten Hallenbereich mit Sport-, Plansch- und Erlebnisbecken (Helmut-Schön-Allee 2, Tel. 03 51/494 22 03, www.dresdner-baeder.de, tgl. 10–22, Freibad Mai–Sept. tgl. 9–19 Uhr).

## ZWISCHENSTOPP: RESTAURANT

**Torwirtschaft**  € ◧ C4

Am Westeingang des Großen Gartens in der Nähe vom Stadion befindet sich die Torwirtschaft. Das nach Originalplänen wiederaufgebaute Gartenrestaurant verfügt über einen der beliebtesten Biergärten der gesamten Stadt.

- Lennéstr. 11
  01069 Dresden
  Tel. 03 51/ 459 52 00
  www.torwirtschaft-dresden.de

## DEUTSCHES HYGIENE-MUSEUM
39 ⑦ ◧ C4

Der historische Name des Museums weckt falsche Erwartungen, denn hier wird nicht langwierig aufgeklärt, sondern Besucher erleben beim »Abenteuer Mensch« das wahrscheinlich spannendste Mitmachmuseum in Sachsen.

Die monumentale vierflügelige Anlage des Deutschen Hygiene-Museums wurde 1928 bis 1930 nach Plänen von Wilhelm Kreis errichtet. Eine Sensation war bei seiner Einweihung die »Gläserne Frau«, die nach wie vor den Rundgang durch

die Dauerausstellung eröffnet. Die hervorragend konzipierte Schau behandelt die Themen: Essen und Trinken, Geburt und Tod, Sexualität, Schönheit, Bewegung, Denken, mithilfe beeindruckender Installationen, überraschender Exponate und ungewöhnlicher Experimentierstationen. Den Besuchern werden dabei sowohl die Wissenschaftsgeschichte als auch neue Forschungsansätze näher gebracht.

Besonders viele Gelegenheiten zum Mitmachen und Exponate zum Anfassen bietet das eigens gestaltete **Kindermuseum** im Erdgeschoss. Das bestimmende Thema hier sind die fünf Sinne: Hören, Sehen, Fühlen, Riechen, Schmecken (Lingnerplatz 1, Tel. 03 51/484 64 00, www.dhmd.de, Di–So 10–18 Uhr).

---

### 💬 ABSEITS DER TOUR

Einen Abstecher wert ist das **Panometer** 40 ◧ F6. Yadegar Asisi präsentiert im umgebauten Gasometer in Reick die barocke Residenzstadt der Jahre 1695 bis 1760 mit Persönlichkeiten und Alltagsszenen, inklusive Wechsel der Tageszeiten. Im Winterhalbjahr wechselt das Bild und zeigt Dresden im Jahr 1945. › mehr S. 16 Punkt ㉖ Eine Ausstellung vertieft den überwältigenden 360°-Eindruck (Gasanstaltstr. 8 b, 01237 Dresden, Tel.03 51/860 39 40, www.asisi.de, Di–Fr 10–17, Sa/So 10–18 Uhr, Shuttlebus ab Kulturpalast stündlich 10–16 Uhr).

# DIE NEUSTADT
# & NÖRDLICH
# DER ELBE

Alternatives Café in der
Kunsthofpassage

*Die Neustadtseite ist ideal für Einkaufsbummel. Gute Adressen sind die noblen Boutiquen um die Königstraße oder die coolen, originellen Läden sowie Galerien zwischen den zahlreichen Kneipen und Bars in der Äußeren Neustadt.*

Die Dresdner Neustadt und die nördlichen Stadtteile liegen oft im Schatten der mehr touristisch ausgerichteten Altstadt mit ihren vielen Attraktionen. Aber hier pulsiert das urbane Leben und liefert ein viel authentischeres Bild Dresdens.

In der Inneren Neustadt mit der Haupt- und Königstraße als Magistralen ist ein Stück barockes Dresden vom Krieg verschont geblieben. Das Viertel lädt zum Bummel durch Geschäfte, Galerien und Cafés ein.

Die Äußere Neustadt ist weit mehr als ein Szene- oder Kneipen, viertel. Vom bettelnden Punk bis zum adretten Architekten, von der WG-Studentin über die junge Familie bis zur schon seit Jahrzehnten ortsansässigen Oma ist in diesem Viertel die wohl vielfältigste und im Durchschnitt jüngste Bevölkerung der Stadt zu Hause. Viele internationale Lokale zeigen die kulturelle Vielfalt des Quartiers, das auch architektonisch viele Reize zu bieten hat. Hinzu kommt eine Vielzahl kleiner Läden und Boutiquen, die sich wohltuend vom eintönigen, innenstadttypischen Filialkonzept der großen Ketten abheben. Hier macht Shoppen richtig Spaß. Man sollte allerdings darauf vorbereitet sein, dass die Läden völlig unterschiedliche Öffnungszeiten haben. Die meisten öffnen erst am späten Vormittag und schließen unter der Woche zwischen 19 und 20 Uhr, samstags bereits um 16 Uhr. Ein weiteres Markenzeichen des Viertels sind die vielen Lebensmittelgeschäfte mit einem Spätverkauf.

Der Neustädter Markt (Straßenbahnen 4, 8, 9) und der Albertplatz (Straßenbahnen 3, 6, 7, 8, 11) sind die Verkehrsknotenpunkte dieser Gegend. Und bloß eine Haltestelle vom Albertplatz entfernt bietet der Bahnhof Neustadt außerdem einen guten Anschluss an das Fernnetz der Eisenbahn.

August der Starke als Goldener Reiter auf dem Neustädter Markt

# UNTERWEGS IN DER NEUSTADT

## TOUR 5

## BAROCKIDYLL JENSEITS DER ELBE

> **VERLAUF:** Augustusbrücke › Jägerhof › Albertplatz › Japanisches Palais › Augustusbrücke
>
> **KARTE:** Seite 98
> **DAUER:** 2–3 Std.
> **PRAKTISCHE HINWEISE:**
> - Die Tour ist ideal mit dem Rundgang durch »Das klassische Dresden« › S. 68 kombinierbar. Ausgangs- und Endpunkt ist die Augustusbrücke, die mit den Straßenbahnen 4, 8, 9 erreichbar ist.
> - Am Albertplatz lässt sich die Tour unterbrechen, um den Rundgang »Durch die Äußere Neustadt« › S. 105 einzuschieben.

**TOUR-START:**

## AUGUSTUSBRÜCKE 1 📘 B2/3

Den Auftakt dieser Tour bildet die sandsteinerne Augustusbrücke, die die Altstadt mit der Neustadt verbindet. Mit ihren einst 23 Bogen war sie im Mittelalter die längste Gewölbebrücke Europas. Der zunehmende Verkehr machte Anfang des 20. Jhs. eine neue Brücke notwendig, die man erneut aus Sandstein baute. Seit 2017 wird die Brücke komplett saniert und zeitweise für Autos und Straßenbahnen gesperrt. Für Fußgänger gibt es eine Behelfsbrücke. Zur Brückensicherung dient seit 1755 das **Blockhaus** 2 📘 B3, auch bekannt als »Neustädter Wache«.

**ZWISCHENSTOPP: BIERGÄRTEN**
Wohl auch wegen des herrlichen Blicks flankieren gleich zwei Biergärten den Brückenkopf: Östlich der **Augustusgarten** 1 📘 C2 und westlich der **Elbsegler** 2 📘 B2 des Hotels Bellevue. Die Elbwiesen davor verwandeln sich bei Konzerten der Filmnächte in eine riesige Picknickfläche.

## GOLDENER REITER 3 📘 C2

Leuchtend, überlebensgroß, im römischen Schuppenpanzer und mit wehendem Haar reitet August der Starke ein sich aufbäumendes Pferd. Der Schmied Ludwig Wiedemann trieb das Denkmal in Kupfer, dann wurde es feuervergoldet. Seit 1736 steht es an seinem Platz, mit zwei Unterbrechungen: 1944 wurde das Denkmal in Sicherheit gebracht und 2002 umfassend restauriert.

## JÄGERHOF 4 📘 C2

Der Jägerhof, den sich Kurfürst August um 1600 als Quartier für die Jagd in der Dresdner Heide errichten ließ, ist einer der wenigen erhaltenen Renaissancebauten in Dresden. Seit 1913 residiert hier das **Museum für Sächsische Volkskunst** mit einer Puppentheatersammlung. Zudem präsentiert es Kupfer- und Zinngeschirr, Trachten aus der Oberlausitz und Schnitze-reien aus dem Erzgebirge. Beliebt sind auch die Schaukästen mit den geschnitzten Weihnachts- oder Bergmannsszenen, die sich auf Knopfdruck sogar bewegen (Köp-ckestr.1, 01097 Dresden, Tel. 03 51/49 14 45 02, www.skd.muse um, Di bis So 10–18 Uhr).

## HAUPTSTRASSE

In der Mitte der Hauptstraße ver-läuft eine von Platanen gesäumte Promenade mit einladenden Bän-ken. Viele neue Geschäfte, die Markthalle und traditionsreiche Händler machen die Straße für ei-nen entspannten Einkaufsbummel interessant.

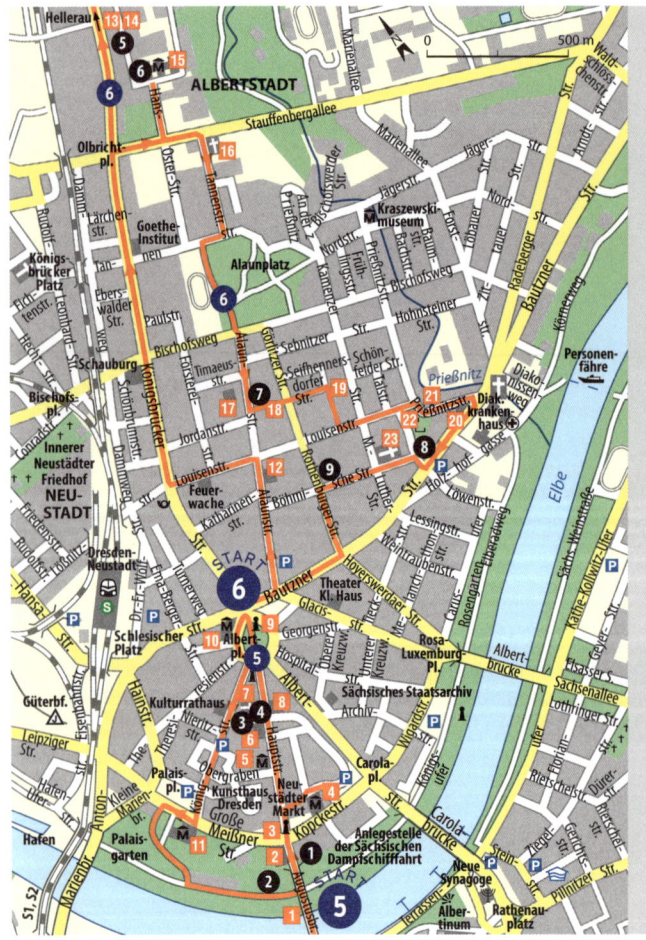

## KÜGELGEN-HAUS 5 📘 C2

Das gelbe Haus mit der Nr. 13 ist nach dem Maler Gerhard von Kügelgen benannt. Alles, was in der sächsischen Romantik Rang und Namen besaß, traf sich in seinem Haus: die Malerfreunde Caspar David Friedrich und Georg Friedrich Kersting, der malende Arzt und Na-turphilosoph Carl Gustav Carus und der junge Dichter Theodor Körner, Sohn des Dresdner Juristen, Literaten und Mäzens Christian Gottfried Körner. Auch Johann Wolfgang Goethe und Heinrich von Kleist schauten gern auf einen Plausch bei Kügelgen herein.

Das **Museum zur Dresdner Romantik** in der zweiten Etage zeigt Exponate aus dem Biedermeier wie auch Wohnraum und Atelier Gerhard von Kügelgens (Hauptstr. 13, 01097 Dresden, Tel. 03 51/804 47 60, www.stmd.de, Mi–So 10–18 Uhr). Im Erdgeschoss sind die Läden und ein Restaurant mit Comedy & Theater Club › S. 42 untergebracht.

## SOCIETAETSTHEATER 6 📘 C2

Biegt man vor der Dreikönigskirche links ab und tritt gleich in den nächsten Hof, steht man vor dem Societaetstheater, einem Kleinod der Dresdner Kulturszene. 1779 war es das erste bürgerliche Theater der Stadt. Derzeit bespielt es zwei Bühnen mit modernen Stücken, Konzerten und Lesungen (An der Dreikönigskirche 1a, 01097 Dresden, Tel. 03 51/803 68 10, www.societaetstheater.de, Vorverkauf: Di–Sa 15–20 Uhr). Neben dem Theater steht ein barocker Pavillon im romantischen Kräutergarten.

## DREIKÖNIGSKIRCHE 7 ⭐ 📘 C2

Die 1732 bis 1739 entstandene Kirche ist eine Gemeinschaftsarbeit von Matthäus D. Pöppelmann und George Bähr und war bis zu ihrer Zerstörung 1945 eine der größten Gotteshäuser Dresdens. Heute nimmt der Kirchenraum im zum evangelischen Kommunikationszentrum umgebauten Haus nur einen kleinen Teil ein. Außer dem Barockaltar (1741) von Benjamin Thomae ist hier der Dresdner Totentanz zu sehen. Der 12,5 m lange, vierteilige Renaissancefries war bis zum Brand 1701 am Georgentor des Schlosses angebracht. Vom Turm hat man einen schönen Rundblick (Eingang Rebeccaplatz, 01097 Dresden, Tel. 03 51/812 41 01, März bis Okt. Di 11.30–16, Mi–Sa 11–17, So 11.30–17, sonst Mi 12–16, Do–Fr 10–16, So 11.30–16 Uhr).

## NEUSTÄDTER MARKTHALLE 8 🏛 C2

Auf dem ehemaligen Kasernengelände gegenüber der Dreikönigskirche steht seit 1899 die Markthalle. In dem prächtigen Gründerzeitbau werden u. a. sächsische Spezialitäten angeboten (Metzer Str. 1, 01097 Dresden, Mo–Sa 8–20 Uhr, www.markthalle-dresden.de). Am nördlichen Ende der Hauptstraße locken mehrere Restaurants mit Sommerterrassen zur Rast.

### ZWISCHENSTOPP: RESTAURANTS

**L'Art de vie** 3 €€ 🏛 C2
In der Theaterkneipe im Societaetstheater kann man wunderbar relaxen.
• An der Dreikönigskirche 1 a
  01097 Dresden | Tel. 03 51/802 73 00
  www.l-art-de-vie.de

**Winzerstube Zum Rebstock** 4 € 🏛 C2
Immer den passenden Wein zum Essen.
• Hauptstr. 17 | 01097 Dresden
  Tel. 03 51/563 35 44
  www.winzerstube-zum-rebstock.de

## ALBERTPLATZ 9 🏛 C1/2

Der Albertplatz ist eine riesige, begrünte Verkehrsinsel. Bänke rahmen die zwei kreisrunden, mit Bronzefiguren geschmückten Monumentalbrunnen von 1894. Sie symbolisieren die stürmischen Wogen und die stillen Wasser.

An der Nordseite erhebt sich das erste **Dresdner Hochhaus.** Errichtet wurde der elfgeschossige Stahlskelettbau 1929 für die Sächsische Staatsbank. Seit 2017 beherbergt es das Museum **»Die Welt der DDR«,** das einen Einblick ins Alltagsleben der DDR gibt (Antonstr. 2 a, www.weltderddr.de, tgl. 10–19 Uhr).

Der in den Komplex eingebaute **Artesische Brunnen** wurde 1893 zur Trinkwasserversorgung der Neustadt gebohrt. Sein Wasser speist auch die Fontäne im tempelartigen Rundbau auf der gegenüberliegenden Straßenseite, den Stadtbaurat Erlwein 1906 entwarf.

Aus der gleichen Epoche stammt das prächtige Haus mit den Dachvasen an der Ostseite des Platzes, die **Villa Eschenbach.** Sie wurde 1901 für den Fabrikanten und Kunstmäzen Carl Eschenbach gebaut und beherbergt nun eine Bank.

Der Sitz des **Erich-Kästner-Museums** 10 🏛 C1 ist die Villa Augustin an der Westseite des Albertplatzes. Als Bronzefigur sitzt der junge Kästner auf der Mauer und betrachtet das Treiben. Das interaktive »micromuseum« informiert über Leben und Werk des Autors (Antonstr. 1, Tel. 03 51/804 50 86, www.erichkaestner-museum.de, So–Mi, Fr 10 bis 18 Uhr).

Hinter der Fassade der Neustädter Markthalle werden sächsische Spezialitäten feilgeboten

## KÖNIGSTRASSE

Vom Albertplatz führt die unter Leitung von Matthäus Pöppelmann 1724 bis 1732 erbaute Prachtmeile der Neustadt, die Königstraße, zurück zur Elbe. Im Grünstreifen versteckt sich das **Schiller-Denkmal** des Dresdner Jugendstilkünstlers Selmar Werner (1905). Die barocken Bürgerhäuser mit Hauszeichen aus dem 18. Jh., die historischen Straßenlaternen und kleinen Bäume, welche die kopfsteingepflasterte Fahrbahn säumen, sind eine wahre Augenweide! Hierher zieht es vor allem Boutiquen, Galerien, Kanzleien, Architektur- und Immobilienbüros. In der Nr. 15 hat das Kulturrathaus der Stadt seinen Sitz.

Mit alten Linden und Brunnen strahlt der Rebeccaplatz hinter der Dreikönigskirche viel Ruhe aus. Gegenüber vom Gotteshaus zweigt die Nieritzstraße mit Dresdens einziger Häuserzeile im Biedermeierstil ab.

Gleichzeitig mit der Königstraße wurde an ihrem südwestlichen Ende der weiträumige **Palaisplatz** angelegt. Das klassizistische Torhaus (1829) markiert die frühere Stadtgrenze.

### RESTAURANTS

**Bülow's Bistro** €€ ◧ C2
Omas Lieblingsrezepte in modernen Interpretationen.
• Königstr. 14 | 01097 Dresden
  Tel. 03 51/800 30 | www.buelow-palais.de

**Cuchi** €€ ◧ C2
Vietnamesisches und Japanisches vom Feinsten. Für das Büfett (So und Mi) sollte man unbedingt reservieren.
• Prisco-Passage im Wallgässchen
  01097 Dresden | Tel. 03 51/862 75 80
  www.cuchi-dresden.de

Beim Wenzel wird Prager Bier zu böhmischen Knödeln serviert

**Mama Africa** €€ 📖 B2
Auf der Karte stehen mitunter Strauß, Hai und Krokodil; aber es gibt auch weniger Exotisches.
• Wallgässchen 2
  01097 Dresden
  Tel. 03 51/563 56 56
  www.mama-africa.de

**Restaurant St. Petersburg** €€ 📖 C2
Das Restaurant mit russischer Küche ist nach einer von Dresdens Partnerstädten benannt.
• Hauptstr. 11 | 01097 Dresden
  Tel. 03 51/5 63 32 33
  www.st-petersburg-dd.de

**Wenzel** €€ 📖 B2
In den alten Gewölben werden böhmische Spezialitäten serviert, und es wird Prager Bier ausgeschenkt. Von Di–Do günstige Tagesgerichte.
• Königstr. 1 | 01097 Dresden
  Tel. 03 51/804 20 10
  www.wenzel-bierstuben.de

## RÄHNITZGASSE

Durch die Passage auf Höhe der Königstraße 8 gelangt man in die Rähnitzgasse mit ihren barocken Bürgerhäusern. Hier und in den Seitengassen haben sich etliche Galerien angesiedelt, darunter das städtische **Kunsthaus Dresden**, eine beliebte Adresse für Gegenwartskunst (Rähnitzgasse 8, Tel. 03 51/804 14 56, www.kunst-haus-dresden.de, Di–Do 14–19, Fr bis So, 11–19 Uhr). Auch Galeristin **Ines Schulz** zeigt zeitgenössische Künstler (Obergraben 21, Tel. 03 51/801 22 43, www.galerie-ines-schulz.de, Mo–Fr 11–19, Sa 11–16 Uhr).

## JAPANISCHES PALAIS 11 📖 B2

Das 1715 nach einem Pöppelmann-Entwurf errichtete Gebäude kaufte zwei Jahre später August der Starke und quartierte hier seine erlesene Sammlung mit chinesischem und japanischem Porzellans ein.

Bei den Erweiterungsbauten brachte man 1733 orientalische Gestaltungselemente an – damals der letzte Schrei. Aus dem zunächst eher bescheidenen Schloss wurde eine mächtige spätbarock-klassizistische Vierflügelanlage mit chinesischen Figuren aus Sandstein und pagodenähnlich geschweiften Kupferdächern, die ihm den Namen Japanisches Palais einbrachten.

Das 1733 von Benjamin Thomae gestaltete **Giebelrelief** verweist noch auf die einstige Bestimmung des Palais: Es zeigt, wie der personifizierten Saxonia Porzellangefäße überreicht werden. Ende des 18. Jhs. verebbte die Asien-Mode wieder,

nun war die griechische Antike en vogue. Dies bezeugen Sempers die vielfarbige **Wandmalereien** von 1835/1836 für sieben Säle im Erdgeschoss, in die damals die Antikensammlung einzog.

Das seit den 1950er-Jahren hier untergebrachte **Museum für Völkerkunde** geht zurück auf die 1560 von Kurfürst August angelegte »Kunstkammer« mit exotischen Exponaten aus aller Welt. Im 19. Jh. erweiterte man den Fundus um eine ethnografische Sammlung. Während diese bedeutende Kollektion mit über 90 000 Objekten, darunter dem Dresdner Damaskuszimmer, derzeit nicht zugänglich ist, sind in

## 💬 KURFÜRST AUGUST

365 Kinder soll der Mann mit seinen ungezählten Mätressen gezeugt haben. So jedenfalls weiß es die Legende, die sich um den Kurfürsten Friedrich August I. – August den Starken – rankt. Als zweitgeborener Prinz hatte er viel Zeit zu reisen: Bei Aufenthalten in Venedig, Paris und Madrid erwarb er sich Bildung, Kunstverstand und Weltläufigkeit. Nach dem plötzlichen Tod seines älteren Bruders gelangte er 1694 mit nur 24 Jahren überraschend auf den sächsischen Thron.

August war mit seinen 1,76 m für die damalige Zeit ein Riese, dem dazu noch ungewöhnliche Körperkräfte nachgesagt wurden. Er liebte es aufwendig und extravagant: Prunk, Jagd, Gelage und Feuerwerke waren an seinem Hof an der Tagesordnung und er trug die größte Porzellansammlung und eine der größten Schatzkammern der Welt zusammen. Obwohl er seit 1693 mit Christiane Eberhardine von Brandenburg-Bayreuth verheiratet war, warf er gern begehrliche Blicke auch auf andere Schönheiten. Augusts wohl berühmteste Mätresse war Anna Constantia von Brockdorff (1681–1765), besser bekannt als Gräfin Cosel. Vier gemeinsame Kinder konnten nicht verhindern, dass die intelligente Frau in Ungnade fiel und hinter den Mauern der ungemütlichen Festung Stolpen verschwand.

Als letzte seiner Mätressen ging die junge Henriette von Osterhausen in die Geschichte ein. Acht uneheliche Kinder hat August der Starke offiziell anerkannt, weitere Nachkommen werden vermutet.

Im Park am Japanischen Palais lässt sich die Hektik der Großstadt vergessen

dem sanierungsbedürftigen Bau Sonderausstellungen vom Archiv der Avantgarden zu bestaunen. Die von Egidio Marzona zusammengetragene Sammlung gehört zu den umfangreichsten der künstlerischen Avantgarde des 20. Jhs. (Palaisplatz 11, Tel. 03 51/49 14 20 00, www.skd.museum, Di–So 10–18 Uhr).

Außerdem nutzt der Museumsverbund **Senckenberg Naturhistorische Sammlungen** die Räumlichkeiten im Japanischen Palais für publikumswirksame große Sonderausstellungen zu den Themen: Zoologie, Geologie, Mineralogie, Klima und Umwelt (Palaisplatz 11, Tel. 03 51/79 58 41 44 08, www.senckenberg.de, Di–So 10 bis 18 Uhr).

### PALAIS- UND BELLEVUEGARTEN

Um das Japanische Palais erstreckt sich eine schöne, ruhige Parkanlage. Die beiden alten **Platanen** im Mitteil stammen, wie der Garten selbst, aus dem 18. Jh. Von der Rampe der ehemaligen Bastion aus bietet sich ein romantischer Blick auf das Japanische Palais und die vieltürmige Altstadt jenseits der Elbe. Diesen Blick kann man auch auf dem Promenadenweg am Fluss entlang aus wechselnden Perspektiven genießen. Ein auffälliger roter Metallrahmen markiert die Stelle, von der aus Bernardo Bellotto, genannt Canaletto, den berühmten »Canalettoblick« (1748) malte. Von Kurfürst Friedrich August II. zum Hofmaler ernannt, fertigte er zahlreiche Veduten der sächsischen Residenzstadt. Der schönen Aussicht verdanken das Hotel Westin Bellevue und der Garten, den man anschließend durchquert, den Namen. > mehr S. 13 Punkt ⑧ Japaner gestalteten 1985 die bezaubernde Anlage mit dem Hotel. > mehr S. 16 Punkt ㉗

# TOUR 6

## DURCH DIE ÄUSSERE NEUSTADT

**VERLAUF:** Albertplatz › Scheune › Hellerau › Militärhistorisches Museum › Garnisonskirche › Villa Timaeus › Kunsthofpassage › Pfunds Molkerei › Alter Jüdischer Friedhof › Albertplatz

**KARTE:** Seite 98
**DAUER:** 1 Tag
**PRAKTISCHE HINWEISE:**
- Der Albertplatz ist mit der Straßenbahn (3, 6, 7, 8, 11) zu erreichen.
- Die Tour lässt sich gut mit dem Rundgang »Barockidyll jenseits der Elbe« › S. 97 kombinieren.
- Ohne Hellerau und Militärhistorisches Museum schafft man die Tour an einem Nachmittag – und auch noch einen Kneipenbummel.

## TOUR-START: DIE NEUSTADT 8

Wenn die Dresdner sich abends zum Ausgehen verabreden, treffen sie sich meist in der Neustadt. Gemeint ist dann das Areal zwischen Bautzner Straße, Bischofsweg und Königsbrücker Straße, wo Erich Kästner seine Kindheit verbrachte und in dem sich 1989 die ersten Kneipen wagten, das Dresdner Nachtleben zu bereichern. Heute findet man hier neben hippen Cafés und Kneipen schicke Restaurants und interessante Läden, umgeben von einem herrlichen urbanen Ensemble aus Gründerzeitbauten.

## ALAUNSTRASSE

Startpunkt für diesen Spaziergang ist das nördliche Ende des Albertplatzes › S. 100. Von hier führt die Alaunstraße in die Äußere Neustadt. Die schmale Straße präsentiert sich als Einkaufsmeile mit Kiez-Atmosphäre. Die Läden verkaufen Gemüse, Secondhandkleidung, coole und schrille Streetwear, Blumen und CDs. Manchmal weht ein frischer Minzgeruch durch das Quartier. In den Hinterhöfen (Einfahrt Katharinenstraße) presste der findige Apotheker Ottomar Heinsius von Mayenburg um 1900 seine »Chlorodont«-Zahnpasta in Tuben. Die Firma Dental-Kosmetik führt diese Tradition bis heute fort. Die **Weinhandlung Bethe** (Ecke Böhmische Straße) mit ihrer schönen Einrichtung aus den 1920er-Jahren ist die älteste der Neustadt.

## SCHEUNE 12 ▮ C1

Zwischen Louisenstraße und Böhmischer Straße gibt es einen kleinen Platz, den abends junge Leute vieler Nationalitäten beleben. Dahinter befindet sich die sogenannte Scheune, ein Veranstaltungszentrum mit indischem Restaurant und Biergarten. In den Nachwendejahren traf sich hier die Neustädter Szene, Besetzer maroder Altbauten, die so den Abriss zahlreicher Häuser aus der Gründerzeit verhindern konnten. Jedes Jahr im Juli beim Schaubudensommer (www.schaubuden

sommer.de) treten Akrobaten, Puppenspieler und Musiker n wie anno dazumal in bunten Buden und Zelten auf (Alaunstr. 36–40, Tel. 03 51/ 32 35 56 40, www.scheune.org).

## KÖNIGSBRÜCKER STRASSE

Durch die Louisenstraße führt der Spaziergang vorbei an der von Hans Erlwein erbauten ehemaligen **Feuerwache** bis zur Königsbrücker Straße, der Hauptverkehrsader der Äußeren Neustadt. Im Haus Nr. 66 wurde Erich Kästner geboren; später wohnte er in den Häusern Nr. 48

und 38. Cineasten kommen in der **Schauburg** auf ihre Kosten: In dem stilvollen Art-déco-Filmpalast aus dem Jahr 1926 laufen Klassiker, Kultfilme und anspruchsvolle Unterhaltung (Königsbrücker Str. 55, Tel. 03 51/802 58 29, www.schau burg-dresden.de).

## HELLERAU ⭐

Nach Hellerau, etwa 7 km nördlich der Neustadt, gelangt man mit der Straßenbahn 8. Die erste deutsche Gartenstadt wurde 1909 gegründet. Der von den Lebensreform-Ideen

---

### 💬 ERICH KÄSTNERS KINDHEIT

In einer Mansardenwohnung in der Königsbrücker Str. 66 kam Erich Kästner 1899 zur Welt. In der Villa seines Onkels am Albertplatz war der kleine Neffe oft zu Besuch. In seinen Erinnerungen schreibt er über die Zeit: »Am liebsten hockte ich dann auf der Gartenmauer und schaute dem Leben und Treiben auf dem Albertplatze zu. Die Straßenbahnen, die nach der Altstadt, nach dem Weißen Hirsch, nach dem Neustädter Bahnhof und nach Klotzsche und Hellerau fuhren, hielten dicht vor meinen Augen, als täten sie's mir zuliebe. Hunderte von Menschen stiegen ein und aus und ein und um, damit ich etwas zu sehen hätte … Die Feuerwehr ratterte, mit ihrem Hornsignal und glockenläutend, vorbei. Eisverkäufer in weißer Uniform verkauften an der Ecke Waffeln für fünf und für zehn Pfennige. Ein Bierwagen verlor ein Hektoliterfaß, und die Neugierigen kamen gelaufen. Der Albertplatz war die Bühne.« (Aus: Erich Kästner, Als ich ein kleiner Junge war, Atrium Verlag, Hamburg, 2016)

Mutter Kästner tat alles, um die Fähigkeiten ihres Sohnes zu fördern: Ein Zimmer der kleinen Wohnung wurde an den Lehrer Schurig vermietet, der dem Sohn ein anregender Gesprächspartner werden sollte. Erichs Kindheit endete mit dem Ersten Weltkriegs, heißt es in dem autobiografischen Buch »Als ich ein kleiner Junge war«. 1917 wurde er zum Militär einberufen. Danach holte er 1919 auf dem König-Georg-Gymnasium das Abitur nach. Mit dem »Goldenen Stipendium der Stadt Dresden« ging Kästner zum Studium der Germanistik, Geschichte und Philosophie an die Universität Leipzig. Mutter Kästner war stolz auf ihn. Und der Vater? Man weiß bis heute nicht, ob der Sattler Emil Kästner der leibliche Vater war oder aber Dr. Zimmermann, der Hausarzt der Familie.

begeisterte Möbelfabrikant Karl Schmidt zog damals mit seinem Unternehmen »Dresdner Werkstätten für Handwerkskunst« an einen bewaldeten Hang, um seine Idee von Wohnen, Arbeiten und Kultur im Grünen zu verwirklichen. Neben dem Münchner Richard Riemerschmid entwarfen die renommierten Architekten Hermann Muthesius, Kurt Frick und Theodor Fischer ganze Straßenzüge bzw. Häuserzeilen. Die Bürgerschaft Hellerau bemüht sich um Aufnahme ihres Stadtteils in die Liste des UNESCO Weltkulturerbes.

Von Heinrich Tessenow stammt das 1913 eröffnete **Festspielhaus** 13 🔖 b2. Hier begründeten Gret Palucca und Mary Wigman den modernen Ausdruckstanz. Bis zum Ersten Weltkrieg, gingen die bedeutendsten Dichter und Musiker Europas im »Laboratorium der Moderne« ein und aus. Nach einem langen Niedergang setzt inzwischen seit 2004 das »Europäische Zentrum der Künste« diese Tradition fort. Im Festspielhaus haben zeitgenössisches Theater, Tanz und Kunst eine Heimat gefunden. (Karl-Liebknecht-Str. 56, Tel. 03 51/26 46 20, www.hellerau.org).

Alt und Neu spiegeln sich auch in den **Deutschen Werkstätten Hellerau** 14 🔖 b2 wider. Aus der Möbelfabrik wurde ein Unternehmen für Design und Innenarchitektur. Es residiert in einem gläserenen Neubau gegenüber dem ursprünglichen Firmensitz, dessen Grundriss Richard Riemerschmid einer Schraubzwinge nachempfand (Moritzbur-

ger Weg 68, Tel. 03 51/21 59 00, www.dwh.de).

**Schmidt's** 5 €€ 🔖 b2

In einem Seitenflügel der Schraubzwinge ist das Restaurant mittags eine gehobene Kantine und abends mit seiner kreativen Küche einer der Geheimtipps unter den Dresdner Gourmetrestaurants.

• Moritzburger Weg 67 | 01109 Dresden
　Tel. 03 51/804 48 83
　www.koenig-albert.de

## ALBERTSTADT

Mit der Straßenbahnlinie 8 geht es zurück Richtung Innenstadt bis zur Haltestelle Stauffenbergallee. Von hier gelangt man zum **Militärhistorischen Museum** 15 🔖 b2 der Bundeswehr, das versteckt in einem Park liegt. Stararchitekt Daniel Libeskind hat das schlossähnliche klassizistische frühere Arsenal in beeindruckender Weise umgebaut. ˃ mehr S. 16 Punkt 31 Die auch für Laien durchaus interessante Ausstellung dokumentiert das ambivalente Verhältnis von Militärischem zu Fragen der Moral, Psychologie und Geschichte. Einen weiteren Themenschwerpunkt bildet die Entwicklung der beiden deutschen Armeen zwischen 1949 und 1989 (Olbrichtpl. 2, Tel. 03 51/823 28 03, Mo 10–21, Di, Do–So 10–18 Uhr, www.mhmbw.de).

Nördlich des Museums, gegenüber der ehemaligen Heeresbäckerei (heute Einkaufszentrum und Stadtarchiv), entwickelte sich ein ehemaliger Komplex von Militäranlagen des 19. Jhs. und DDR-Industrie zu einem Anziehungspunkt für Liebhaber von historischer Fahrzeuge geworden. Werkstätten, Ausstellungen und ein Restaurant gruppieren sich um einen künstlichen Wasserfall (Königsbrücker Str. 96, www.zeitenstroemung.de).

Südlich des Militärhistorischen Museums gelangt man zur Stauffenbergallee, die in beide Richtungen auf einer Länge von 4 km von historischen Kasernenbauten des späten 19. Jh. gesäumt wird. Damit ist das nach König Albert benannte Gebiet die größte historische Kasernenstadt Europas.

An der Tannenstraße erhebt sich die neoromanische **Garnisonskirche** 16 🔖 b2, die 1895–1900 für die Heeresangehörigen beider Konfessionen gebaut wurde. Der katholische Teil ist tagsüber zugänglich. Geht man die Tannenstraße in Richtung Süden, so gelangt man zum schönen Alaunpark und zum Bischofsweg mit seinen vielen prachtvollen Gründerzeithäusern.

## ZWISCHENSTOPP: RESTAURANT
**Zeitlos** 6 €€ 🔖 b2

Unter den Gewölben des Arsenals bietet das modern eingerichtete Restaurant regional inspirierte junge Küche sowie Kaffee und Kuchen. (Mi geschl.).

• Olbrichtplatz 2
  01099 Dresden
  Tel. 03 51/88 94 80 79
  www.restaurantzeitlos-dresden.de

## VILLA TIMAEUS 17 🔖 C1
Die Villa versteckt sich am oberen Ende der Alaunstraße hinter einem Wohngebäude aus den 1920er-Jah-

ren. In Nr. 71 b findet man das letzte Überbleibsel der »Chocoladen- und Cichorienfabrik Jordan und Timaeus«, die 1839 die erste Milchschokolade der Welt produzierte.

## ZWISCHENSTOPP: RESTAURANT
**Lila Soße** 7 €€ 🔖 D1

Junge deutsche Küche mit internationalem Beiwerk, z. B. deutsche »Tapas« in Einweckgläsern (Mo–Fr ab 16, Sa/So ab 12 Uhr).

• Alaunstr. 70
  01099 Dresden
  Tel. 03 51/803 67 23
  www.lilasosse.de

## KUNSTHOFPASSAGE 18 🔖 D1
Das Schild mit einer stilisierten Kuh markiert den Durchgang zur Kunsthofpassage. Jeder der einst tristen Hinterhöfe ist kreativ gestaltet. Kneipen, Läden und Galerien machen das Herumbummeln hier zu einem Vergnügen (Alaunstr. 70, www.kunsthof-dresden.de).

Hat man den Kunsthof bis zum lustigen Hof der Tiere durchquert, stößt man in der gegenüberliegenden Stichstraße auf den überraschend idyllischen **Abenteuerspielplatz Panama** 19 🔖 D1, einem Kinder- und Jugendangebot der Treberhilfe Dresden e.V. in der Seifhennersdorfer Straße.

Erinnerungen an die bewegte Zeit des Viertels werden nicht nur beim Stadtteilfest **Bunte Republik Neustadt** jedes Jahr am 3. Juniwochenende wach. Sie werden auch im nahegelegenen **BRN-Museum** 20 🔖 D1 gepflegt (Prießnitzstr. 18, Tel. 03 51/801 19 48, erster So im Monat 11–17 Uhr, www.stadtteilhaus.de)

In der Kunsthofpassage gibt es Läden mit besonderen Souvenirs zu entdecken

## NIGHTLIFE

**Mahl2** €€ 📕 D1

Moderne Küche in schnörkellosem, manchmal etwas halligem Ambiente. Gepflegter Start ins Nachtleben, tgl. ab 17 Uhr.

● Görlitzer Str. 2301099 Dresden
　Tel. 03 51/40 86 42 41 | www.mahl2.de

**Café Kontinental** € 📕 D1

Rund um die Uhr werden hier Nachtschwärmer, Frühaufsteher usw. bewirtet.

● Görlitzer Str. 1
　01099 Dresden
　Tel. 03 51/801 35 31
　www.cafe-continental-dresden.de

**Café 100** € 📕 D1

Kneipe mit schönen Kellerräumen.

● Alaunstr. 100 | 01099 Dresden
　Tel. 03 51/273 50 10
　www.diehundert.org

**Zapfanstalt** € 📕 D1

Craft-Biere und herzhafte Speisen.

● Sebnitzer Str. 15 | 01099 Dresden
　Tel. 03 51/21 99 63 54
　www.zapfanstalt.de

## PFUNDS MOLKEREI 21 📕 D1

Den Anspruch, »der schönste Milchladen der Welt« (Guinnessbuch der Rekorde) zu sein, erhebt der unter Denkmalschutz stehende Verkaufsraum von Pfunds Molkerei vollkommen zu Recht. Die Wände, der Fußboden, ja sogar die Decke sind mit farbig bemalten Fliesen von Villeroy & Boch verkleidet – der Laden ist einfach traumhaft schön! › mehr S. 16 Punkt 33

Die Geschichte der Verkaufsstelle beginnt 1879. Damals stellte der Landwirt Paul Pfund sechs Kühe hinter eine Glasscheibe und ließ die Kunden wählen, von welcher sie ihre Milch haben wollten. Nach 1990 wurde der originelle Milchladen detailgetreu restauriert. Heute kann man hier nicht nur ein Glas Milch trinken, sondern auch aus 100 Käsesorten wählen (Bautzner Str. 79, Tel. 03 51/80 80 80, www. pfunds.de).

Auch im Umfeld des Ladens ist einiges los. Die hübschen Geschäfte in der Nachbarschaft bieten u. a. Lausitzer Keramik, Dresdner Kaffee, Plauener Spitzen oder DDR-Souvenirs an. Im angrenzenden ehemaligen Molkereikomplex kann man im Travestie-Theater **Carte Blanche** › S. 42 außerdem über Schein und Sein der Schönen der Nacht rätseln.

## ZWISCHENSTOPP: CAFÉ

**Café Neustadt** ⑧ €€ 📕 D1

Hier trifft man viele Einheimische. Gelegentlich wird das Café im schönen Eckhaus für Ausstellungen genutzt.

• Bautzner Str. 63 | 01099 Dresden
  Tel. 03 51/899 66 49

## ALTER JÜDISCHER FRIEDHOF

**22** 📕 D1

Der Alte Jüdische Friedhof, der älteste Sachsens, ist in Vergessenheit geraten und auf vielen Stadtplänen gar nicht mehr verzeichnet. Wer den malerischen Friedhof besichtigen möchte, kann sich beim Verein Hatikva melden (Pulsnitzer Str. 10, Tel. 03 51/802 04 89, www.hatikva. de). Angelegt wurde der Begräbnisort 1751 nach einem Gesuch der jüdischen Gemeinde an den Kur-

Prachtvolle Fliesen in Pfunds Molkerei

fürsten, dem stattgegeben wurde. seit 1869 werden die Juden aus Dresden und Umgebung auf dem Neuen Jüdischen Friedhof in der Johannstadt › S. 114 bestattet.

## MARTIN-LUTHER-KIRCHE

**23** 📖 D1

Die Martin-Luther-Kirche erhielt ihren Namen 1883 anlässlich der Feierlichkeiten zum 400. Geburtstags des Reformators. Während der Bauzeit 1883–1887 galt noch die Vorschrift, die für protestantische Kirchenbauten ausschließlich historische Architekturformen erlaubte. Das Bauwerk mit 81 m hohem Turm wurde deswegen im neoromanischen Stil errichtet (Di–Sa 10 bis 12, Mi, Fr 15–17 Uhr).

Eine kleine Oase der Ruhe mit Rasenflächen unter schönen alten Bäumen bildet inmitten des geschäftigen Treibens der Neustadt der von stattlichen Bürgerhäusern umgebene Martin-Luther-Platz.

## BÖHMISCHE STRASSE

Die enge Böhmische Straße gehört zu den ältesten der Äußeren Neustadt. Hier siedelten im 18. Jh. protestantische Flüchtlinge. Einige alte Häuschen sind noch erhalten. Auch einige gute Kneipen gibt es: Als echtes Neustädter Urgestein gilt das **Raskolnikoff** › S. 36, das eine Kunstgalerie im Obergeschoss unterhält.

ZWISCHENSTOPP: KNEIPE
**Familieneinkehr Hebedas 9** € 📖 D1
Die Familieneinkehr Hebedas ist eine der letzten Eckkneipen mit originaler Ost-Ausstattung in dieser Gegend.

• Rothenburger Str. 30
01099 Dresden
Tel. 03 51/895 10 10
www.hebedas.de

Auf dem kurzen Rückweg zum Albertplatz passiert man an der Bautzner Str. 6 den Edward-Snowden-Platz, der 2015 nach dem heute im russischen Exil lebenden US-Geheimdienstler und Whistleblower benannt wurde.

---

### DIE BELIEBTESTEN MÄRKTE

- **Sachsenmarkt** 📖 C4
  Dresdens größter Wochenmarkt an der Lingnerallee bietet jeden Freitag (8–17 Uhr) vorrangig regionale Produkte an. › S. 91
- **Flohmarkt am Haus der Presse** 📖 B2
  Eine Fundgrube für Trödelfans ist der von der Sächsischen Zeitung an der Ostra-Allee veranstaltete Flohmarkt (Sa 9–14 Uhr).
- **Neustädter Markthalle**
  Wochentags (8–20 Uhr) und bei jedem Wetter lockt der Gründerzeitbau mit allerlei sächsischen Spezialitäten. › S. 100
- **Bauernmarkt Königstraße** 📖 C2
  Landwirte aus dem Umland verkaufen ihre frischen Bioprodukte hier jeden Samstag (9–13 Uhr).
- **Elbeflohmarkt**
  Samstags kann man nach Herzenslust die Stände am Flussufer nach nostalgischen Kuriositäten durchstöbern. › S. 39, S. 114

# DAS ÖSTLICHE ELBTAL

Der sächsische Weinwanderweg
führt durch das Elbetal

*Elbaufwärts zeigt sich Dresden von seiner roman-
tischen Seite. Entlang des Flusses befinden sich
Weinberge, herrliche Villenviertel und Schlösser.
Herausragend ist die verspielten Schlossanlage im
östlichen Dresdner Stadtteil Pillnitz.*

Liebliche Hänge mit Weinbergen, weite Wiesen, prächtige Villen und Schlösser – im Elbtal östlich der Altstadt zeigt sich Dresden von seiner romantischen Seite. Diese von Kriegsschäden weitgehend verschonte Kulturlandschaft hatte auch die Vertreter der UNESCO so begeistert, dass sie das Dresdner Elbtal zum Welterbe erklärten. Doch da das Dresdner Bürgervotum den umstrittenen Neubau der Waldschlösschenbrücke erzwungen hat, wurde Dresden dieser Status 2009 wieder aberkannt.

Fährt man südelbisch in Richtung Osten, gelangt man zunächst in die Johannstadt. Dieser Stadtteil fällt durch sein gigantisches Plattenbauviertel auf. Doch selbst hier gibt es reizvolle Ecken, wie etwa den Trinitatisfriedhof, zu entdecken. Nordelbisch ist man hingegen sofort begeistert. Den Ausläufern der Neustadt schließen sich die idyllischen drei Elbschlösser an, bevor man die prächtigen Villen am Weißen Hirsch bewundert. Für den Weg hinunter ins Winzer- und Künstlerdorf Loschwitz nimmt man die historische, originalgetreu restaurierte Standseilbahn. Von hier aus kann man per Bus entlang der sächsischen Weinstraße bis nach Pillnitz fahren. Südelbisch erreicht man Pillnitz mit der Straßenbahn oder auf dem Elberadweg. Dieser ist auch für Fußgänger geeignet. Von der Brühlschen Terrasse sind es ca. 12 km. In aller Ruhe kann man die Schönheit des Elbhangs bei einer Schifffahrt auf dem Fluss genießen.

## 💬 PLATTENBAUTEN

Die Plattenbauten sind Symbol für die DDR-Architektur geworden. Schnell und effizient sollte ab den 1960er-Jahren Wohnraum geschaffen werden. Denn der ambitionierte Wiederaufbau der völlig zerstörten Stadt in den 1950er-Jahren wurde der riesigen Nachfrage nach Wohnraum kaum gerecht. Mit Fernwärme und praktischem Grundriss ausgestattet, waren insbesondere die Plattenbauten der Wohnbauserie WBS 70 damals heiß begehrt. In der Johannstadt gab es eine eigene Fabrik zur Herstellung der Betonplatten. Viele Gebäude sind mehrere 100 m lang – so konnte ein Kran auf Schienen die Wohnhäuser schnell der Reihe nach errichten. Bei vielen Sanierungsprojekten bemüht man sich heute darum, den Häusern nachträglich eine individuelle Note zu verleihen.

# UNTERWEGS IM ELBTAL

## PLATTENBAUTEN, VILLEN UND TECHNIK

> **VERLAUF:** Sachsenplatz > Trinitatiskirche > Blasewitz > Blaues Wunder > Technische Sammlungen

**KARTE:** Seite 118
**DAUER:** 2–3 Std.
**PRAKTISCHE HINWEISE:**
• Die Tour beginnt am Sachsenplatz (Straßenbahn 6, 13) bei der Albertbrücke. Am besten lässt sie sich mit dem Rad entlang des Elberadwegs unternehmen. Mit Straßenbahn, Linienbus und per pedes braucht man deutlich länger.

## TOUR-START: JOHANNSTADT

Westlich an die Dresdner Altstadt schließt sich die Johannstadt an. Am **Sachsenplatz** 1 ⬛ D2 erinnern einige Reste an die einst monumentale Vorkriegsbebauung dieses Stadtteils: das Gerichtsgebäude im Stil der italienischen Renaissance, der historische Eliasfriedhof mit seinen Sandsteingrabmälern aus dem 18. und 19. Jh., die Sparkasse von Hans Erlwein und die **Albertbrücke** 2 ⬛ D2. Unter dieser Brücke am Käthe-Kollwitz-Ufer findet jeden Samstag bis 16 Uhr der überaus beliebte Elbeflohmarkt statt, der mit bis zu 600 Händler, sowohl privaten als auch professionellen, einer der größten Trödelmärkte in Deutschland ist.

## ZWISCHENSTOPP: BIERGARTEN

**Fährgarten** 1 € ⬛ E2
Elbaufwärts an der Fähre zur Neustadt, mit herrlichem Blick auf den Fluss.
• Käthe-Kollwitz-Ufer 23b
01307 Dresden
Tel. 03 51/459 62 62
www.faehrgarten.de

Vom Sachsenplatz bis zum Thomas-Müntzer-Platz dominieren Plattenbauten. Weiter östlich haben sich dann einige ursprüngliche Straßenzüge erhalten.

## TRINITATISKIRCHE 3 ⬛ E3

Die Kirche im Zentrum der Johannstadt ist eine von zwei erhaltenen Kirchenruinen, die als Mahnmal die Zerstörung Dresdens im Zweiten Weltkrieg sichtbar halten. Dahinter erstreckt sich der evangelische **Trinitatisfriedhof**. Hier liegen der Maler Caspar David Friedrich, der das Eingangstor in einem Bild verewigte, der Maler Carl Gustav Carus, der Bildhauer Ernst Rietschel und auch Lilly Elbe, die aus dem Film »Danish Girl« bekannte erste operierte Transgenderfrau begraben. Daneben erstreckt sich der Neue jüdische Friedhof, dessen Trauerhalle bis zur Einweihung des Neubaus an der Brühlschen Terrasse als Synagoge genutzt wurde.

Blick vom Fährgarten am Johannstädter Ufer auf die Elbe

## WALDSCHLÖSSCHENBRÜCKE

**4** 📖 E1/2

Die Fetscherstraße wurde bereits im 19. Jh. so geplant, dass sie über eine Brücke auf die Neustädter Seite fortgeführt werden konnte. 1996 griff der Dresdner Stadtrat die alte Idee wieder auf und beschloss eine vierspurige Elbquerung, auch um die historische Loschwitzer Brücke, vom Verkehr zu entlasten. 2007 begannen die Bauarbeiten an dem umstrittenen Projekt, das Dresden den 2004 errungenen Welterbestatus kostete. 2013 wurde die Brücke dem Verkehr übergeben.

## BLASEWITZ

An den weitläufigen Komplex der Universitätsklinik schließt sich im Osten das Villenviertel Blasewitz an. Vor allem entlang des Käthe-Kollwitz-Ufers, der Goetheallee und Tolkewitzer Straße haben Dresdner Architekten rings um den Waldpark während der Gründerzeit eine Fülle unterschiedlichster historistischer Villen, Wohn- und Geschäftshäuser errichtet. Die Bandbreite der Stile reicht von Neorenaissance, Neobarock und Neoklassizismus bis zu Zitaten typisch italienischer, englischer oder Schweizer Architektur. Dazu kommen einige Jugendstilgebäude. Ein ausgiebiger Erkundungsspaziergang lohnt sich also.

## BLAUES WUNDER **5** ⭐ 📖 H3

Das Zentrum von Blasewitz bildet der von einem historischen Gebäudeensemble gerahmte **Schillerplatz**. Von hier führt die 1893 ein-

Das Blaue Wunder verbindet Blasewitz und Loschwitz miteinander

geweihte Loschwitzer Brücke, die wohl außergewöhnlichste der Elbbrücken in Dresden, nach Loschwitz hinüber. Ihren Namen Blaues Wunder erhielt sie aufgrund eines blaugrünen Anstrichs und der weit auseinandergezogenen Stahlkonstruktion ohne Pfeiler im Fluss – zu jener Zeit eine bahnbrechende Ingenieursleistung. Als einzige Brücke Dresdens wurde sie im 2. Weltkrieg nicht gesprengt. Zwei Dresdner hatten die bereits gelegten Zündkabel heimlich zerschnitten. Heute zählt sie zu den Wahrzeichen der Stadt.

Wer bereits jetzt wieder ins Zentrum zurückkehren möchte, kann dies entweder mit einem der historischen Schaufelraddampfer, die nahe der Brücke an- und ablegen (Abfahrt etwa alle 2 Std. Infos: Tel. 03 51/866 09 40, www.saechsische-dampfschifffahrt.de), oder mit einer Straßenbahn (Linien 6 und 12).

## ZWISCHENSTOPP: RESTAURANTS

**Villa Marie** ❷ €€ 📕 H3
Feine deutsch-italienische Küche mit schönem Blick auf das Blaue Wunder und die Loschwitzer Elbhänge.
• Fährgässchen 1
01309 Dresden
Tel. 03 51/31 54 40
www.villa-marie.de

**Kanzlei Dresden** ❸ €€ 📕 G3
Viel gelobtes Restaurant im Villenstadtteil Striesen. Internationale Küche.
• Pohlandstr. 18
01309 Dresden
Tel. 03 51/316 14 88
www.restaurant-kanzlei.de

## STRIESEN

Vom Schillerplatz aus durchquert der Bus 61 den von Alleen durchzogenen Stadtteil Striesen. Die einzeln stehenden großbürgerlichen Miethäuser werden aufgrund ihrer Form »Dresdner Kaffeemühlen« genannt. Auf halber Strecke fällt der neugotische Bau des Evangelischen Kreuzgymnasiums auf, Heimat des berühmten Kreuzchors › S. 60.

Unweit der Haltestelle Pohlandplatz sind im Ernemannbau der ehemaligen Zeiss-Icon- und späteren Pentacon-Werke die **Technischen Sammlungen** **6** 📘 G4 der Stadt untergebracht. Hier können Dresdner Erfindungen wie die erste Spiegelreflexkamera oder die Reiseschreibmaschine namens Erika bestaunt werden. Besonders spannend – auch für Kinder – sind die Ausstellungsbereiche zur Geschichte des Computers, zu Feuerwehr und Mathematik (Junghansstr. 1–3, Tel. 03 51/488 72 72, www.tsd.de, Di–Fr 9–17, Sa/So 10–18 Uhr).

**TOUR 8**

## ENTLANG DER DRESDNER ELBHÄNGE

**VERLAUF:** Albertplatz › Schloss Albrechtsberg › Lingnerschloss Schloss Eckberg › Weißer Hirsch › Loschwitz › Wachwitz › Laubegast

**KARTE:** Seite 118

**DAUER:** 3–4 Std.
**PRAKTISCHE HINWEISE:**
• Für die Fahrt zum Weißen Hirsch steigt man in die Straßenbahnlinie 11 in Richtung Bühlau. In Niederpoyritz bringt einen dann die Fähre ans andere Ufer der Elbe nach Alttolkewitz. Von dort führt ein schöner Spaziergang entlang der Elbe in den Laubegaster Ortskern, von wo aus die Straßenbahnlinien 4 und 6 ins Stadtzentrum fahren.

**TOUR-START:**
Vom Postplatz oder vom Albertplatz verlässt man mit der Straßenbahn die Neustadt in Richtung Osten. Wer Zeit und gutes Wetter hat, kann auch den schönen Weg an der Elbe entlanglaufen. Bald öffnet sich der Blick zur Waldschlösschenbrücke und zum Fluss.

### GEDENKSTÄTTE BAUTZNER STRASSE **7** 📘 F1

Die Gebäude der ehemaligen Stasizentrale verdecken den Blick auf den Fluss. Die Gedenkstätte zeigt in eindrucksvoller Weise, wie die berüchtigte Institution zu DDR-Zeiten gegen Andersdenkende vorging. Außer originalen Gefängniszellen werden Ausstellungen über Demokratiebewegungen weltweit gezeigt (Bautzner Str. 112 a, Tel. 03 51/646 54 54, www.bautzner-strasse-dresden.de, tgl. 10–18 Uhr).

Gegenüber hatte sich der russische KGB in einer Villa (Angelikastr. 4) eingemietet. Hier arbeitete Wladimir Putin von 1984 bis 1989.

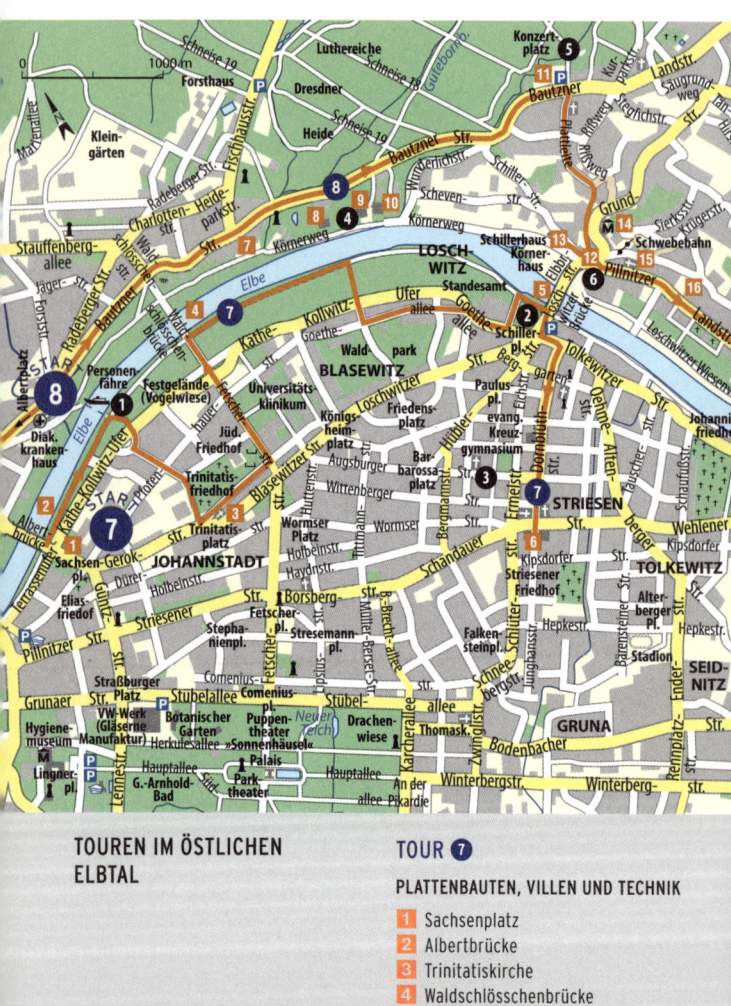

## TOUREN IM ÖSTLICHEN ELBTAL

### TOUR 7

**PLATTENBAUTEN, VILLEN UND TECHNIK**

1 Sachsenplatz
2 Albertbrücke
3 Trinitatiskirche
4 Waldschlösschenbrücke
5 Blaues Wunder
6 Technische Sammlungen

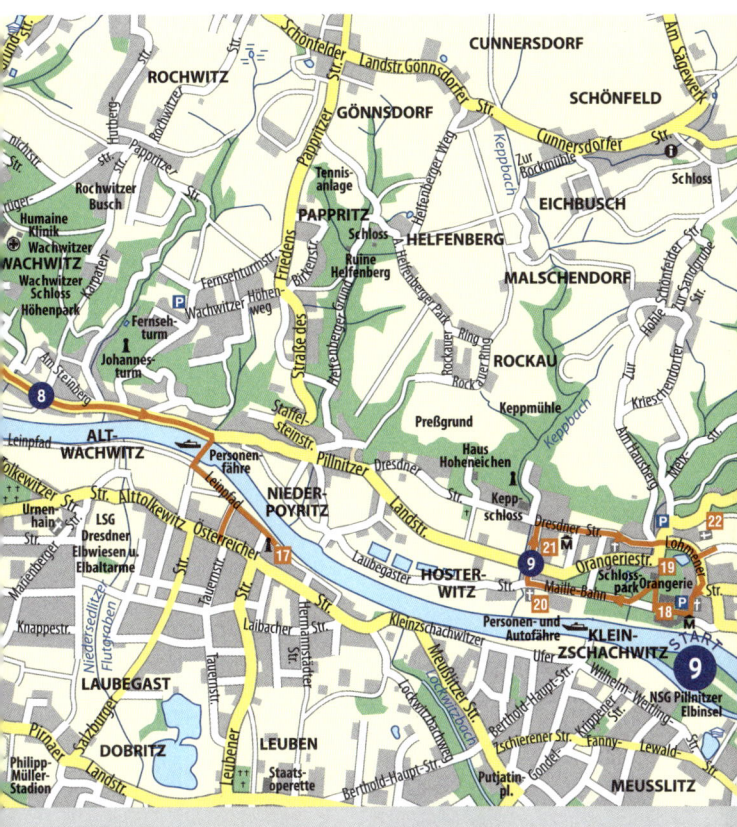

## TOUR 8

### ENTLANG DER DRESDNER ELBHÄNGE

7 Gedenkstätte Bautzner Straße
8 Schloss Albrechtsberg
9 Lingnerschloss
10 Schloss Eckberg
11 Parkhotel
12 Körnerplatz
13 Schillerhäuschen
14 Leonhardi-Museum
15 Loschwitzer Kirche
16 Künstlerhaus
17 Caroline-Neuber-Denkmal

## TOUR 9

### ROMANTISCHES PILLNITZ

18 Schloss Pillnitz
19 Kamelienhaus
20 Maria am Wasser
21 Weber-Museum
22 Weinbergkirche

**DIE STADT GRATIS ERLEBEN**

- Den ganzen August lang beschert der **Palaissommer** > S. 63. ein umfangreiches und vielfältiges Kulturprogramm. Auf der Wiese zwischen der Elbe und dem Japanischen Palais reichen die täglichen Gratisangebote von Ausstellungen über Konzerte und Tanzveranstaltungen bis zu Yoga.
- Das **Stadtmuseum** im Landhaus > S. 86 kann wie alle städtischen Museen und Galerien jeden Freitag ab 12 Uhr bei freiem Eintritt besichtigt werden.
- Bei der Orgelandacht kann man die **Frauenkirche** > S. 60 intensiv und kostenfrei erleben. Der kurzen musikalischen Besinnung folgt eine Kirchenführung (Mo bis Sa 12 und Mo, Mi, Fr 18 Uhr).
- Einen kostenlosen und schönen Überblick von oben über die Stadt ermöglicht die **Terrasse des Kongresszentrums** > S. 89.
- Das Sonnenbad und die Lektüre auf einer Decke im **Großen Garten** > S. 92 sind kostenfreie und wonnevolle Vergnügen.
- Der Maler Bernardo Bellotto hat ihn berühmt gemacht: den **»Canalettoblick«** von den Bellevuegärten aus auf die Türme der Altstadt > S. 104.
- Großer Aufreger für die Dresdner war die Einführung des Eintritts in den **Schlosspark Pillnitz** > S. 126. Von Ostern bis Anfang November (9–18 Uhr) muss Eintritt gezahlt werden, sonst nicht.

## DRESDNER HEIDE

Das größte Naherholungsgebiet der Stadt beginnt hinter der Haltestelle Wilhelminenstraße. Durch den abwechslungsreichen Mischwald mit Dünen, Bächen und Wasserfall führen sternförmige Wege, die zum Teil noch aus der Zeit Augusts des Starken, der hier gern zur Jagd ging.

## SCHLOSS ALBRECHTSBERG

**8** G1

Prinz Albrecht von Preußen ließ das spätklassizistische Schloss 1851 erbauen. Weil er sich nach einer Scheidung unstandesgemäß wieder verheiratete, musste er sich dieses – zugegebenermaßen luxuriöse – Exil suchen. Im prunkvollen Kronensaal finden unter einem venezianischen Glaslüster mit 80 Kerzen regelmäßig Konzerte statt. Bei den seltenen öffentlichen Führungen kann man auch den reich stuckierten Spiegelsaal mit eichenholzgetäfelten Wänden und den Gartensaal bestaunen, wo farbenfrohe Wandmalereien die Lieblingsorte des Prinzen zeigen: Meran, Neapel, Konstantinopel und Kairo. An die Alhambra erinnert das versteckte Türkische Bad. Lohnend ist auf jeden Fall ein Spaziergang durch den Park (Bautzner Str. 130, www.schloss-albrechtsberg.de, Ausstellung im Torhaus, tgl. 10 bis 18 Uhr, Termine für Schlossführungen auf der Website oder unter Tel. 03 51/811 58 23).

Im Kavaliershaus kann man bei Veranstaltungen der Winzerfamilie Müller deren Weine von den Elbhängen probieren – im Sommer auch in den Weinbergen (Bautzner

Str. 130, Tel. 03 51/251 78 19, www.winzer-lutz-mueller.de). › mehr S. 13 Punkt **5**

## LINGNERSCHLOSS **9** 📱 G1

Die 1853 für Baron von Stockhausen, den Kammerherrn des Prinzen Albrecht, errichtete Villa bewohnte 1906 bis 1916 **Karl August Lingner.** Dieser war mit dem Mundwasser »Odol« reich geworden, das er mit einem großen Werbefeldzug – er ließ Luftschiffe mit der Aufschrift »Odol« starten – populär gemacht hatte. Der Unternehmer engagierte sich auch gemeinnützig: Auf seine Initiative gehen u. a. das Hygiene-Museum › S. 94 und die erste Säuglingsklinik der Welt zurück. Die Villa Stockhausen vermachte er der Stadt. Ihre Sanierung kommt, durch Spenden finanziert, langsam voran. Es finden unregelmäßig Veranstaltungen und Führungen statt (Bautzner Str. 132, Tel. 03 51/646 53 82, www.lingnerschloss.de).

### ZWISCHENSTOPP: RESTAURANT

**Lingnerterrassen 4** €€ 📱 G1
Restaurant mit Biergarten und Aussicht.
• Bautzner Str. 132 | 01099 Dresden
  Tel. 03 51/456 85 10
  www.lingnerterrassen.de

## SCHLOSS ECKBERG **10** 📱 G1

Das Schloss ließ sich der Dresdner Großkaufmann John Daniel Souchay 1859 bis 1861 vom Semper-Schüler Christian Friedrich Arnold im neogotischen Stil errichten. Der Sandsteinbau wird von einem 25 m hohen Aussichtsturm überragt. Daneben steht die Bronzesta-

tue »Sonnenanbeter« des Jugendstilkünstlers Sascha Schneider. 1925 erwarb Zahnpastakönig (»Chlorodont«) Ottomar Heinsius von Mayenburg das Schloss. Seine Erben erhielten es nach 1989 zurück. Es beherbergt ein First-Class-Hotel mit Restaurant, das einen schönen Blick aufs Elbtal bietet. Der Zugang ist Hotel- und Restaurantgästen vorbehalten (Bautzner Str. 134, Tel. 03 51/809 90, www.schloss-eckberg.de, €€).

## WEISSER HIRSCH ⭐ 📱 J1

An der Haltestelle Plattleite beginnt das exklusive Villenviertel Weißer Hirsch, dem Uwe Tellkamp mit seinem Roman »Der Turm« 2008 literarisch ein Denkmal setzte und das sich gut zu Fuß erkunden lässt.

Während Lahmanns Sanatorium an der Ecke Stachgrundstraße inzwischen zu einer Wohnanlage umgebaut wurde, ist das 1914 eröffnete **Parkhotel 11** 📱 J1 längst wiederbelebt. Der blaue Salon im historischen Ballsaal sowie die legendäre »Kakadu-Bar« sind beliebte Partylocations. Einige Schritte weiter öffnet sich ein kleiner Platz mit dem original chinesischen Pavillon von der Hygiene-Ausstellung 1911 und im Wald dahinter der Konzertplatz. › mehr S. 13 Punkt **10**

### ZWISCHENSTOPP: BIERGARTEN

**Konzertplatz Weißer Hirsch 5** € 📱 J1
Beliebter Waldbiergarten am Konzertplatz. Eisbahn im Winter (Mo/Di geschl.).
• Stechgrundstraße | 01324 Dresden
  Tel. 03 51/26 31 19 50
  www.konzertplatz-weisser-hirsch.de

## PLATTLEITE

Gegenüber dem Parkhotel – rechts neben dem ehemaligen Kurhaus – lädt die Kunsthandlung Kühne › S. 39 zum Schauen und Kaufen ein. Von hier aus führt die Plattleite mitten ins Villengebiet. Besonders prächtig sind die Villa Abendstern, die Villa Bismarck – erbaut um 1900 im damals modischen Schweizerstil – und die Jugendstilvilla Elbblick.

An der kleinen Sternwarte beginnt das Areal des Forschungsinstituts **Manfred von Ardenne.** Der technische Autodidakt (1907–1997) gilt als Erfinder der Fernsehröhre und arbeitete an der Entwicklung der sowjetischen Atombombe mit. Der auch »Roter Baron« genannte Ardenne genoss zu DDR-Zeiten einen Sonderstatus. In seinem Institut betrieb er u. a. Krebsforschung und entwickelte die umstrittene Sauerstoff-Mehrschritt-Therapie.

## HISTORISCHE BERGBAHNEN

Am Ende der Plattleite bietet das 2018 wiedereröffnete, traditionsreiche Panoramarestaurant Luisenhof einen unvergleichlichen Ausblick auf Dresden und das Elbtal (Bergbahnstr. 8, Tel. 03 51/28 77 78 30, www.luisenhof-in-dresden.de).

Gegenüber befindet sich die Bergstation der historischen **Standseilbahn** › S. 25, die 1895 in Betrieb ging. Fünf Minuten dauert die steile Abfahrt in den gelb-weißen Wagen hinunter zum Körnerplatz.

Folgt man unten angekommen der Pillnitzer Landstraße, erreicht man nach 100 m die Talstation der zweiten historischen Bergbahn: Seit 1901 surrt die **Schwebebahn** hinauf zur Loschwitzhöhe. Ihr Maschinenhaus im wuchtigen Turm lohnt einen Besuch (tgl. 10–17 Uhr).

## LOSCHWITZ 🔸9

### KÖRNERPLATZ 12 📙 J3

Der Körnerplatz ist das Zentrum von Loschwitz, einem alten Winzerdorf, das sich später zur idyllischen Sommerfrische der wohlhabenden Dresdner Bürger und Künstler entwickelte. Viergeschossige Häuserzeilen mit roten Klinkerfassaden sowie Erkern und Türmchen aus Sandstein umschließen den Platz.

### SCHILLERHÄUSCHEN 13 📙 H2

Vom Körnerplatz ein kleines Stück elbabwärts erreicht man das bescheidene Haus, in dem Friedrich Schiller »Don Carlos« und die Ode »An die Freude« schrieb. Das Weinberghäuschen mit einer kleinen Gedenkstätte ist jedoch nur unregelmäßig geöffnet (Schillerstr. 19 , Tel. 03 51/31 58 10, www.stmd.de).

### FRIEDRICH-WIECK-STRASSE

Die schönste und mit ihren originellen Geschäften wohl interessanteste Straße von Loschwitz wurde nach dem Vater der Pianistin Clara Schumann benannt, der ab 1840 im Haus Nr. 10 wohnte. Die schmalen, spitzgiebeligen Häuser beherbergen u. a. einen Goldschmied, einen Antiquitätenhändler und einen Keramikladen. In der Alten Feuerwache veranstaltet der überaus engagierte **Kunstverein Loschwitz e.V.** Konzerte, Ausstellungen und Lesungen (www.feuerwache-loschwitz.de).

Fachwerkhäuser um die Friedrich-Wieck-Straße verleihen Loschwitz dörflichen Charme

Vorn am Uferweg steht das alte **Fährhaus** aus dem 16. Jh. Eine Fähre zwischen Loschwitz und Blasewitz wurde bereits 1471 erwähnt. Heute locken hier ein italienisches Restaurant und eine Chocolaterie.

**ZWISCHENSTOPP: CAFÉS**

**Café Wippler** ❻ € 📖 J3
Gute Stube der Dresdner Konditorei.
• Körnerpl. 2 | 01326 Dresden
  Tel. 03 51/269 80 40
  www.kaffee-wippler.de

**LEONHARDI-MUSEUM** 14 📖 J3
Der Landschaftsmaler Eduard Leonhardi, ein Schüler Ludwig-Richters, kaufte 1879 eine alte Mühle und machte daraus ein mit Ornamenten und Sprüchen verziertes Atelierhaus. Heute werden in dem farbenprächtigen Gebäude immer

wieder junge Künstler mit ihren Werken vorstellt (Grundstr. 26, Tel. 03 51/268 35 13, www.leonhardi-museum.de, Di–Fr 14–18, Sa/So 10 bis 18 Uhr).

**LOSCHWITZER KIRCHE** 15 📖 J3
Einige Schritte weiter steht – wegen der Hochwassergefahr etwas erhöht – die Loschwitzer Kirche. An ihrer Errichtung 1705 bis 1708 war der Architekt der Frauenkirche › S. 80 George Bähr beteiligt. Wegen seiner Kuppelform mutet das kleine achteckige Gotteshaus wie ein Modell für sein Meisterwerk an. Nach der Wende wurde die 1945 zerstörte Kirche wiedererrichtet. Innen steht der 1606/07 von Giovanni Maria Nosseni geschaffene Renaissancealtar aus der 1964 abgerissenen Sophienkirche am Zwinger.

### KÜNSTLERHAUS 16 ▮ J4

1898 errichtete der Dresdner Architekt Martin Pietzsch das Atelierhaus, um Künstlern preiswerten Arbeits- und Wohnraum zu verschaffen. Bis heute leben und arbeiten hier Kunstschaffende wie Veit Hofmann, Konrad Maass und Thomas Reichstein.

Auf dem gegenüberliegenden **Loschwitzer Friedhof** sind viele Loschwitzer Künstler bestattet, darunter der Bildhauer und Karl-May-Illustrator Sascha Schneider, die Bildhauer Hermann Glöckner und Friedrich Press, die Maler Ernst Hassebrauk, Josef Hegenbarth und Eduard Leonhardi.

### WACHWITZ

Lieblich sind die nun folgenden alten Dorfkerne von Wachwitz und Niederpoyritz. Die meisten der zahlreichen Ausflugsgaststätten haben im Sommer eine Terrasse an der Elbe. Parallel zur Pillnitzer Landstraße, die von der Buslinie 63 erschlossen wird, verlaufen auf halber Höhe die Weinwanderwege > S. 53 an herrschaftlichen Anwesen vorbei, z. B. der Königlichen Villa unterhalb von **Schloss Wachwitz,** des letzten Wohnsitz der Wettiner (private Nutzung).

In **Niederpoyritz** nimmt man die Fähre auf die andere Elbseite und spaziert auf dem Elbradweg Richtung Südosten bis Laubegast.

### LAUBEGAST ⭐

Im historischen Dorfkern von Laubegast erinnert ein **Denkmal 17** ▮ c2 an eine Begründerin des modernen deutschen Schauspiels, Caroline Neuber (1667–1760). Beliebte Ausflugslokale säumen die Uferpromenade bis zur historischen Werft, in der die Raddampfer der Sächsischen Dampfschifffahrtsgesellschaft gewartet werden.

Da Laubegast beim verheerenden Hochwasser 2002 nur per Boot erreichbar war, feiert man seither im August das Inselfest (www.inselfest-laubegast.de).

### TOUR 9

## ROMANTISCHES PILLNITZ

**VERLAUF:** Schloss Pillnitz > Schlosspark > Hosterwitz > Weber-Museum > Weinbergkirche

**KARTE:** Seite 118
**DAUER:** 4 Std.
**PRAKTISCHE HINWEISE:**

- Die romantischste Anfahrt nach Pillnitz ist die mit dem historischen Raddampfer, die sportlichste die über den rund 12 km langen Elberadweg. Ansonsten erreicht man Pillnitz mit der Straßenbahn (Linie 6, 12) bis Schillerplatz und mit dem anschließenden Bus 63. Auf der anderen Elbseite fährt die Straßenbahn 2 bis Kleinzschachwitz, von wo man mit der Fähre übersetzt. Autofahrer finden Parkplätze am Fähranleger, und in der Leonardo-da-Vinci-Straße.
- Der Rundweg ist gut 4 km lang.

Historisches Interieur im Kunstgewerbemuseum

## TOUR-START:

### SCHLOSS PILLNITZ 18 ⭐10 📖 c3

August der Starke schenkte das 7 km von Loschwitz elbaufwärts gelegene Renaissanceschloss 1706 seiner Mätresse, Gräfin Cosel › S. 103. Als die Beziehung in die Brüche ging, holte er sich das Schloss zurück und setzte die Geliebte auf der Burg Stolpen unter Hausarrest. Ab 1720 ließ er Pillnitz nach Entwürfen von Zacharias Longuelune und Matthäus Daniel Pöppelmann zum asiatischen Lustschloss und zur Sommerresidenz ausbauen.

### DIE PALAIS

Die Flügelgebäude, das **Wasserpalais** am Fluss und das **Bergpalais** ihm gegenüber, gestaltete Pöppelmann 1720–24 nach der damaligen Mode mit Dächern im Pagodenstil und mit chinesischen Wandverzierungen. Nachdem 100 Jahre später der alte Zentralbau abgebrannt war, errichtete der Oberlandbaumeister Christian Friedrich Schuricht das **Neue Palais.** Der von ihm geschaffene Kuppelsaal mit Bildern des Hofmalers Vogel von Vogelstein gilt als schönster klassizistischer Innenraum Dresdens. Er gehört, wie die Hofküche, zum **Schlossmuseum** (Mai–Okt. tgl. 10–18 Uhr, Nov bis März nur Sa/So mit Führung, www.schlosspillnitz.de).

Ein Besuch des **Kunstgewerbemuseums** in Wasser- und Bergpalais gehört zum Pillnitzausflug. Neben kostbaren Gobelins, geschliffenen Gläsern, Fayencen und Möbeln des 17./18. Jhs. werden historische Musikinstrumente und das Pirnaer Antependium, eine kunstvolle Seidenstickerei des 14. Jhs., sowie Wechselausstellungen gezeigt (www.skd.museum, Mai–Okt. Di bis So 10–18 Uhr).

## SCHLOSSPARK

Im **Heckengarten** ist die Nachbildung einer Prunkgondel zu bewundern. Ende des 18. Jhs. legte man im Nordwesten des Parks einen Englischen Garten mit Pavillon und Teich an. Im **Kamelienhaus** 19 📱 c2 wächst die älteste Kamelie Europas. Der mehr als 8 m hohe Baum ist das einzige von vier 1778 aus Japan eingeführten Exemplaren, das überlebt hat. Im Winter wird die Pflanze durch ein eigens konstruiertes Gewächshaus geschützt. Von Ende Februar bis Ende März ist dann die rote Blütenpracht zu bewundern (Mitte Februar–Mitte April tgl. 10 bis 17 Uhr). › mehr S. 18 Punkt ㊴

Die subtropischen Kübelpflanzen des Parks finden in der kalten Jahreszeit Platz in der **Orangerie**. Hinter dem Bergpalais beginnt der **Schlossgarten**, der in den **Holländischen** und den **Chinesischen Garten** mit dem als tropischer Garten gestalteten historischen Palmenhaus übergeht (Palmenhaus: April–Okt. tgl. 9–18, Nov.–März tgl. 10 bis 16 Uhr; Park: tgl. 6 Uhr bis Sonnenuntergang; Eintritt: 3 € nur Ostern bis Anfang Nov. 9–18 Uhr, sonst freier Eintritt).

## HOSTERWITZ

Vom Schloss führt der Hauptweg zur **Kastanienallee** mit der 500 m langen Maille-Bahn – ein dem Golf ähnliches Spiel, das am Hof sehr beliebt war – und weiter nach Hosterwitz. Der alte Dorfkern ist äußerst romantisch. Direkt an der Elbe liegt die Schifferkirche **Maria am Wasser** 20 📱 c2. Ihr ursprünglich gotischer Bau wurde im Barock mit einer zweistöckigen Holzempore im Inneren umgestaltet. Jenseits einer Obstplantage liegt der obere Teil von Hosterwitz. Hier folgt man der Dresdner Straße, vorbei am neugotischen **Keppschloss** und der Backsteinkirche **Maria am Wege.**

## WEBER-MUSEUM 21 ⭐ 📱 c2

In dieser idyllischen Landschaft mietete sich der Dresdner Komponist und Hofkapellmeister Carl-Maria von Weber (1786–1826) die Sommermonate über in einem Winzerhaus ein. Durch Wanderungen in die Umgebung und die Ruhe inspiriert schrieb er hier an seinen Opern, u. a. dem »Freischütz«. Das Haus strahlt noch heute eine biedermeierliche Behaglichkeit aus, als sei Weber nur kurz nach draußen gegangen. Eine Ausstellung zeichnet seinen Lebensweg nach (Dresdner Str. 44, 01326 Dresden, Mi–So 13 bis 18 Uhr).

## WEINBERGKIRCHE 22 📱 c3

Weiter geht es auf der Dresdner Straße bis zum Bergweg, der zu den Weinbergen oberhalb des Schlosses führt und zur weithin sichtbaren barocken Weinbergkirche. Sie wurde von Zwingerbaumeister Pöppelmann errichtet, nachdem die Schlosskirche mit August dem Starken die Konfession gewechselt hatte und nun katholisch war, während die Bevölkerung evangelisch blieb. Oberhalb der Weinberge steht malerisch eine künstliche Ruine. Von dieser gelangt man schnell wieder zurück zum Schloss.

# AUSFLÜGE & EXTRA-TOUREN

Das berühmte Felsmassiv der Bastei

# AUSFLÜGE

## MEISSEN 1 ⭐ 📖 a1

---

Dresden › Meißen

**KARTE:** Seite 129
**DAUER:** 1 Tag
**PRAKTISCHE HINWEISE:**
- Mit der S 1 fährt man in 45 Min. zum Meißner Hauptbahnhof, dann 10 Min. Fußweg mit Panorama über die Elbbrücke. Rückweg von der Porzellanmanufaktur mit S 1 ab Bahnhof Meißen Altstadt oder Meißen Triebischtal.
- Der Ausflug nach Meißen lässt sich mit Radebeul und Moritzburg verbinden (vvo-online.de).
- Letzter Einlass für Besucher in die Burg und den Dom: eine halbe Stunde vor Schluss.

---

»Die Albrechtsburg mit dem herrlichen Dom, der Bischofsturm an der Ecke des Berges, der St. Afraberg mit der Klosterkirche und der Fürstenschule senken sich zur Stadt und in das Triebischtal hinab, und das ganze schöne Bild spiegelt sich samt der Brücke in der Elbe«, begeisterte sich Ludwig Richter, der 1828–35 Zeichenlehrer an der Königlichen Porzellan-Manufaktur war. Meißen ist die Wiege Sachsens: Als am 3. Oktober 1990 der Freistaat Sachsen neu gegründet wurde, geschah es im Festsaal der Albrechtsburg.

### ALTSTADT

Der Markt ist vom spätgotischen **Rathaus** Ⓐ (1472) mit seinem steilen Dach und stattlichen Renaissancehäusern mit Spitzportalen gesäumt. Im **Bennohaus** Ⓑ wohnte

Gasse in der Altstadt von Meißen

Bischof Benno (1066–1106), der im Investiturstreit auf der Seite des Papstes stand und daher von Heinrich IV. verhaftet wurde.

Zurückgesetzt steht an die Südwestecke des Marktes die 1457 geweihte gotische **Frauenkirche** 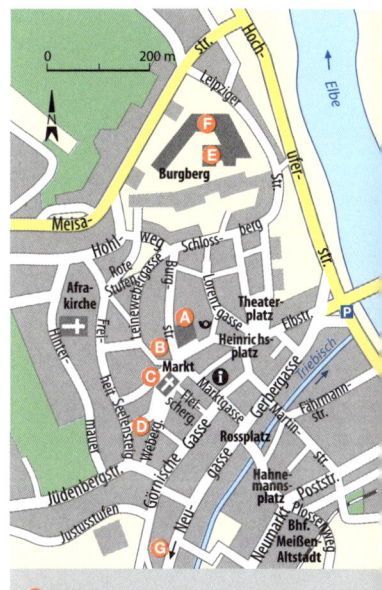. Der Flügelaltar vom Ende des 15. Jhs. zeigt auf dem Mittelschrein die Marienkrönung und auf der Predella die Grablegung Christi. Vom trutzigen Turm erklingt mehrmals täglich ein Porzellanglockenspiel. Vom 57 m hohen Turmumgang genießt man einen schönen Blick auf Altstadt und Burgberg (April–Okt- Mo–Sa 10–17, So 12 bis 17 Uhr, sonst nach Vereinbarung unter Tel. 03 521/407 00 14).

Hinter der Frauenkirche gelangt man zum **Bahrmannschen Brauhaus** , in dem bis 1900 Bier gebraut wurde. Sehenswert ist links davon der **Alte Ritter,** ein ehemaliges Gasthaus mit einem Renaissanceportal von 1597.

## BURGBERG

Der Aufstieg zur Burg führt, vorbei an vielen Geschäften, über die Burgstraße. An den romantischen Roten Stufen befindet sich die traditionsreiche **Konditorei Zieger**. Hier wird die »Meißner Fummel« gebacken, eine luftgefüllte Teigtasche in Größe eines Kilobrotes (Rote Stufen 5, 01662 Meißen, www.konditorei-zieger.de).

## DOM 

Den dreieckigen Domplatz betritt man durch das neugotische mittlere Burgtor. Mit dem Bau des Domes

wurde 1260 begonnen; im 13. Jh. die ausdrucksstarken Stifterfiguren im Inneren. Im **Mittelschiff** des Langhauses beeindrucken Höhe und Leichtigkeit der schlanken Pfeiler, die sich zu einem gotischen Kreuzrippengewölbe vereinen. Die lichte Fürstenkapelle, die den Dom nach Westen abschließt, war seit 1428 die Begräbnisstätte der Wettiner. Im Norden des **Kreuzgangs** sieht man das alte Kreuzrippengewölbe und seine mit Pflanzenornamenten reich verzierten Schlusssteine. Das

**A** Rathaus
**B** Bennohaus
**C** Frauenkirche
**D** Bahrmannsches Brauhaus
**E** Dom
**F** Albrechtsburg
**G** Staatliche Porzellan-Manufaktur Meissen

Domschatz-Museum zeigt Sakral-kunst und Liturgiegeschirr (Dompl. 7, 01662 Meißen, www.dom-zu-meissen.de, April–Okt. tgl. 9–18, Nov.–März 10–16 Uhr).

In die **Domherrenhäuser** an der Südseite des Domplatzes sind kleine Läden eingezogen. Haus Nr. 9 beherbergt Meißens ältestes Gasthaus, den Domkeller (www.domkeller-meissen.de). Von hier und dem benachbarten Burgkeller bietet sich ein herrlicher Blick auf die Altstadt.

### ALBRECHTSBURG

Errichtet ab 1471 nach Plänen des sächsischen Landesbaumeisters Arnold von Westfalen, zählt sie zu den bedeutendsten spätgotischen Profanbauten Deutschlands. Spektakulär ist der Treppenturm, der **Große Wendelstein.** Statt die damals übliche massive Spindel zu verwenden, konstruierte man ihn mit drei filigran gestalteten Sandsteinsäulen.

Großformatige **Wandgemälde** von Dresdner Malern aus dem 19. Jh. zeigen die Geschichte des Hauses Wettin und Szenen aus dem Leben von Herzog Albrecht. Das **Böttger-Zimmer** im 2. Obergeschoss ist dem Erfinder des europäischen Hartporzellans gewidmet. Auf Wandgemälden sieht man Böttger im Labor und mit der Erfindung bei August dem Starken (Dompl. 1,

**AUSFLÜGE**

1. Meißen
2. Moritzburg
3. Radebeul
4. Schloss Wackerbarth
5. Radeberg
6. Pulsnitz
7. Schönfeld
8. Stolpen
9. Langenwolmsdorf
10. Großsedlitz
11. Weesenstein
12. Glashütte
13. Pirna
14. Landschloss Zuschendorf
15. Graupa
16. Festung Königstein
17. Rathen
18. Bastei
19. Hohnstein
20. Bad Schandau

01662 Meißen, Tel. 035 21/470 70, www.albrechtsburg-meissen.de, März–Okt. tgl. 10–18, Nov.–Febr. 10–17 Uhr).

## STAATLICHE PORZELLAN-MANUFAKTUR MEISSEN

Außerhalb des Stadtkerns ist die 1710 gegründete Porzellan-Manufaktur angesiedelt. Die »Erlebniswelt Haus MEISSEN©« umfasst ein Museum mit rund 3000 Exponaten, u. a. die erste Porzellanorgel der Welt. In Schauwerkstätten wird die Porzellanherstellung demonstriert. Die Produkte gibt es in Shop und Outletcenter. Auch ein Restaurant mit entsprechend eingedeckten Ti-

schen fehlt nicht (Talstr. 9, 01662 Meißen, Tel. 035 21/46 82 08, www.meissen.com, Mai–Okt. tgl. 9–18, Nov.–April 9–17 Uhr).

### INFO
**Tourist-Information Meißen GmbH**
• Markt 3 | 01662 Meißen
Tel. 035 21/419 40
www.touristinfo-meissen.de

### HOTEL
**Fährhaus Meißen** €€
Das Familienhotel mischt traditionelles und zeitgnössisches Design perfekt.
• Hafenstr. 16–18 | 01662 Meißen
Tel. 035 21/728 88 60
www.designhotel-meissen.de

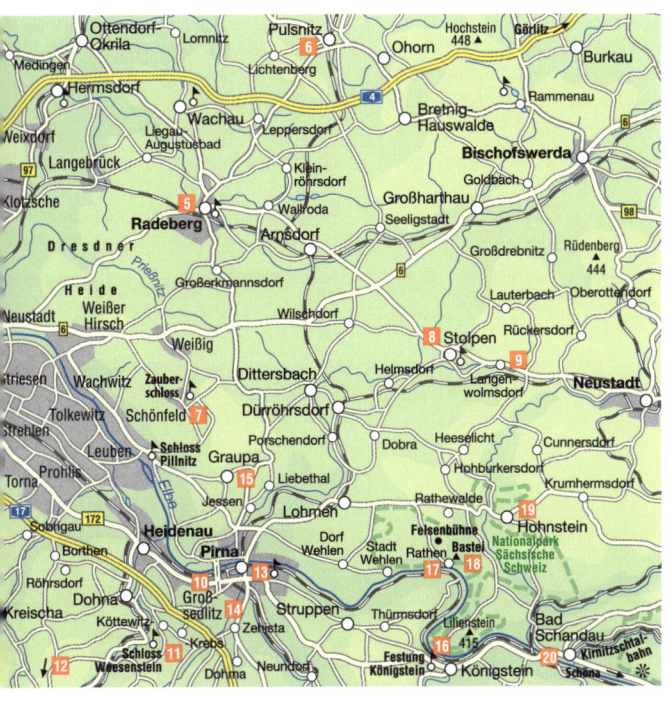

## RESTAURANT

**Vincenz Richter** €€€

Die Traditionswirtschaft in einem Fachwerkhaus von 1523 ist seit fünf Generationen in Familienbesitz. Feines Essen und Meißner Weine (Mo geschl.).

• An der Frauenkirche 12 | 01662 Meißen
Tel. 035 21/45 32 85
www.vincenz-richter.de

# MORITZBURG 2 📖 b1

Dresden > Moritzburg

**KARTE:** Seite 130
**DAUER:** 1/2 Tag
**PRAKTISCHE HINWEISE:**

• Das beliebte Ausflugsziel 14 km nordwestlich von Dresden ist mit dem Linienbus 326 oder 457 ab Dresden (Pirnaischer Platz oder Bhf. Neustadt) oder mit dem Auto zu erreichen.

• Wer Zeit hat, sollte mit der S-Bahn (S 1 Richtung Meißen) bis Radebeul-Ost fahren und dort in den »Lößnitzdackel« umsteigen. Die nostalgische grüne Schmalspurbahn aus dem Jahr 1884 verkehrt mehrmals täglich und dampft schnaufend durch den engen Lößnitzgrund ins Moritzburger Wald- und Teichgebiet (Fahrzeit: ca. 30 Min., www.loessnitzgrundbahn.de).

• Am Bahnhof und in der Tourist-Information kann man Fahrräder mieten oder sich bequem per Pferdekutsche zum Schloss bringen lassen (Informationen unter Tel. 03 52 07/85 40).

Die fast 3 km lange schnurgerade Schlossallee führt durch das Dorf auf das gelb und weiß gestrichene Jagdschloss zu, das sich mit seinem roten Dach und den mächtigen runden Ecktürmen äußerst fotogen im Wasser des Schlossteichs spiegelt.

## DAS SCHLOSS

In der wildreichen Waldgegend gingen die Wettiner im 16. Jh. gern zur Jagd. Kurfürst Moritz ließ deshalb 1542–1546 ein Jagdhaus im Renaissancestil bauen, die nach ihm benannte Moritzburg. August der Starke und sein Architekt Pöppelmann verwandelten es 1723 bis 1736 in ein quadratisch-symmetrisches Schloss mit vier Rundtürmen und vergrößerten den Teich, in dem Karpfen für die kurfürstliche Tafel gezogen wurden. Auf allen Seiten wird das Schloss von kleinen **Kavaliershäuschen** bewacht. Fünf sind als Ferienwohnungen eingerichtet.

Das **Schlossinnere** ist im Originalzustand erhalten: Barockmöbel, kostbares Porzellan, Gemälde und Kutschen aus dem 18. Jh. vermitteln einen lebendigen Eindruck von der sächsisch-barocken Lebensart. Ein Juwel ist die mit farbigen Jagdmotiven bemalte Ledertapete im Audienzsaal. Apart ist auch das Federzimmer Augusts des Starken mit Federtapeten und Paradebett. Im Monströsensaal kann man den Moritzburger »66-Ender« bewundern, das mit knapp 20 kg schwerste Hirschgeweih der Welt. Beim Moritzburgfestival im August erfüllt erlesene Kammermusik die Räume. Im Winter erinnert eine Ausstel-

Das elegante Jagdschloss Moritzburg steht inmitten eines hübschen Schlossteichs

lung an den hier gedrehten Märchenfilm »Drei Haselnüsse für Aschenbrödel« (01468 Moritzburg, Tel. 03 52 07/873 18, www.schloss-moritzburg.de, April–Okt. tgl. 10 bis 17, Mitte Nov.–Dez. Di–So 10 bis 16, Mitte Nov.–Febr. nur Winterausstellung: Di–So 10–17 Uhr).

Zur herrschaftlichen Jagd gehörten natürlich auch Pferde, die in Ställen am Schloss gehalten wurden. 1828 ging aus ihnen das **Sächsische Landstallamt** hervor, das seither für die Pferdezucht zuständig ist. Alljährlich im September gibt es eine Hengstparade.

### KÄTHE-KOLLWITZ-HAUS

Der Rüdenhof am Schlossteich war die letzte Wohnstätte von Käthe Kollwitz. Der kunstsinnige Prinz Ernst Heinrich von Sachsen lud die Grafikerin und Bildhauerin hierher ein, nachdem sie 1944 in Berlin ausgebombt worden war. Hier starb sie im April 1945. Gezeigt werden eine Ausstellung über ihr Leben und

---

### 💬 DIE BRÜCKE

Anfang des 20. Jhs. entdeckten die Künstler die reizvolle Gegend vor den Toren Dresdens. Aufsehen erregten um 1910 die Maler der »Brücke« › **S. 59** Karl Schmidt-Rottluff, Max Pechstein und ihre Freunde: Sie zogen mit ihren Modellen in die Moritzburger Wald- und Teichlandschaft, um dort in freier Natur Aktbilder zu malen.

Der Leuchtturm ist zwar nur Staffage, versetzt Betrachter aber vom Großteich ans Meer

Werk sowie Arbeiten der Kollwitz-Preisträger (Meißner Str. 7, 01468 Moritzburg, Tel. 03 52 07/828 18, April–Okt. Mo–Fr 11–17, Sa, So 10–17, Nov.–März bis 16 Uhr, www.kollwitz-moritzburg.de).

## FASANENSCHLÖSSCHEN UND GROSSTEICH

Dem Zeitgeist des Rokoko entsprechend ließ sich Friedrich August III. 1769–1782 im angrenzenden Wald das intime, zierlich wirkende Fasanenschlösschen errichten, das außen mit Chinoiserien und innen mit Stuckdecken geschmückt ist. Das Dach krönt ein ungewöhnliches Figurenpaar: ein wohlgenährter Mandarin im Schneidersitz und ein dunkelhäutiger Knabe im blauen Kittel (Fasanerie, 01468 Moritzburg, Tel. 03 52 07/87 36 10, www.schloss-moritzburg.de, mit Führung: Mai–Okt. Mo–Fr 10–16, alle 60 Min., Sa/So, Fei 10–17 Uhr alle 30 Min., Anmeldung empfohlen).

Am Ufer des nahe gelegenen **Großteichs** reibt man sich erstaunt die Augen: Wie kommen die Mole und der Leuchtturm hierher? Man muss sich die Vergnügungslust des Dresdner Adels vergegenwärtigen: Beides diente als Kulisse, wenn zur Belustigung der Hofgesellschaft auf dem Teich Seeschlachten zwischen nachgebauten Holzfregatten inszeniert wurden (nur mit Führung: Mai–Okt. So 11–16 Uhr).

## WILDGEHEGE

Nicht weit vom Fasanenschlösschen, an der Straße nach Radeberg, erstreckt sich das 40 ha große Wildgehege. Hier kann man mehr als 30 heimische Tierarten unter naturnahen Bedingungen beobachten, darunter Füchse, Wölfe und Eulen. Das Gehege wurde Ende des 17. Jhs. ursprünglich für die Jagd angelegt. Den besten Überblick bietet der angeschlossene Hochseilgarten (Radeburger Str. 2, 01468 Moritzburg, Tel. 03 52 07/830 28 85, www.wild gehege-moritzburg.sachsen.de, März–Okt. tgl. 10–18, Nov./Dez. tgl. 9–16, Jan./Febr. Sa/So 9 bis 16 Uhr).

## RADEBEUL

Dresden › Radebeul

**KARTE:** Seite 130
**DAUER:** 1/2 Tag
**PRAKTISCHE HINWEISE:**
- Radebeul ist durch die S-Bahn-Linie 1 und die Straßenbahnlinie 4 mit Dresden verbunden.
- Besonders wenn man vor hat, den köstlichen Radebeuler Wein ausgiebig zu genießen, sollte man auf das Auto verzichten.

Landschaft, Weinberge und das milde Klima haben Radebeul im Nordwesten von Dresden die Bezeichnung »sächsisches Nizza« eingebracht. Wohlhabende Beamte, Fabrikanten und Künstler ließen sich im 19. Jh. in Kötzschenbroda und Umgebung Villen bauen. Heute leben in dem langgestreckten Ort die meisten Millionäre Ostdeutschlands – kein Wunder, dass hier Ferrari und Rolls-Royce inzwischen eine Niederlassung haben.

## KARL-MAY-MUSEUM

Von 1896 bis zu seinem Tod 1912 lebte hier der Erfolgsschriftsteller **Karl May** (1842–1912), Schöpfer von Winnetou, Old Shatterhand, Hadschi Halef Omar und Kara Ben Nemsi. Sein Wohnhaus, gekauft von Bestsellerhonoraren, nannte er Villa Shatterhand. In der Ausstellung zu Leben und Werk Karl Mays, der zu den meistgelesenen und meistübersetzten deutschen Autoren gehört, werden u. a. die legendären Waffen seiner Helden gezeigt. Die großformatigen Bilder im Arbeitszimmer mit der wertvollen Bibliothek stammen von Mays Freund, dem Jugendstilkünstler Sascha Schneider (1870–1927), der für die ersten Buchausgaben Karl Mays auch die Illustrationen lieferte.

Im Garten steht die **Villa Bärenfett**, ein stilechtes Blockhaus, in dem Kleidung, Waffen, Fotos, Gemälde sowie Nachbildungen nordamerikanischer Indianer gezeigt werden (Karl-May-Str. 5, 01445 Radebeul, Tel. 03 51/837 30 10, www.karl-may-museum.de, März–Okt. Di–So 9–18, sonst 10–17 Uhr).

Gegenüber auf dem Friedhof Radebeul-Ost fanden Karl May und seine Ehefrau Klara ihre letzte

Ruhe. Das Grabmal im Stil eines griechischen Niketempels befindet sich an nördlichen Mauer.

Mitte Juni findet das Karl-May-Fest statt. Schauplatz ist der Lößnitzgrund mit seinen Schluchten und Felsen, durch den – als »Santa-Fé-Express« – die Schmalspurbahn dampft. Indianer schlagen ihre Tipis auf, Cowboys schwingen das Lasso und ein orientalischer Basar lockt mit exotischen Düften und Klängen (www.karl-may-fest.de).

## HOFLÖSSNITZ

An den Hängen der Lößnitz gedeiht seit Jahrhunderten Wein. Probieren kann man ihn in dem für seine Ökoweine gelobten **Weingut Hoflößnitz**. Ein Museum informiert über den hiesigen Weinbau und die Sächsische Weinstraße. Sehenswert ist der holzgetäfelte Festsaal im Lust- und Berghaus, einem Jagdschloss aus dem 17. Jh., mit Bildern von Tugenden, Engeln und Vögeln (Knohllweg 37, 01445 Radebeul, Tel. 03 51/839 83 33, www.hofloessnitz.de, April–Okt. Di–So 10 bis 18 Uhr).

Ein genussvoller Spaziergang führt von hier aus entlang der romantischen Weinbergstraße zu den kleinen aber feinen Weingütern von Karl Friedrich Aust › S. 26, Ulf Große sowie den »Drei Herren«.

**RESTAURANT**

**Spitzhaus** €€

Mit 365 Stufen führt die »Himmelsleiter«, die längste Treppe Sachsens, von Schloss Hoflößnitz zum Spitzhaus hinauf. Es lag ideal für die Treffen der Besitzerin, Gräfin Cosel, mit August dem Starken › S. 102. Heute ist es ein gutbürgerliches Restaurant mit herrlicher Aussichtsterrasse. Außerdem auch 2 Suiten zur Übernachtung.

• Spitzhausstr. 36 | 01445 Radebeul
Tel. 03 51/830 93 05
www.spitzhaus-radebeul.de

---

### 🗨 WACKERBARTHS WEINIDYLL

August Christoph Graf von Wackerbarth, Generalfeldmarschall am Hof Augusts des Starken, liebte die Reben und suchte einen standesgemäßen Alterssitz. Diesen ließ er sich am Fuß der Weinberge des heutigen Radebeul 1729 als barockes Schloss von Hofbaumeister Johann Christoph Knöffel bauen und gab ihm den Namen »Wackerbarths Ruh«. Später wünschte er sich noch ein Belvedere, das ihm Zwinger-Baumeister Pöppelmann errichtete. Von 1731 bis 1734 hatte er Zeit, hier seinen Lebensabend zu genießen.

1992 zog das Sächsische Staatsweingut auf Schloss Wackerbarth ein. Dieses baut auf ca. 120 ha u. a. Riesling, Traminer, Ruländer, Weißburgunder und Müller-Thurgau an. Das milde Klima im Elbtal, die alten Trockenmauern, die die Wärme der Sonnenstrahlen speichern und nachts wieder abgeben, und die lange Erfahrung der Winzer sind die Garantie für die gute Qualität der meist trockenen sächsischen Weine. Fast täglich veranstaltet das Erlebnisweingut verschiedene Verkostungen und Seminare.

*Schloss Wackerbarth kredenzt am Belvedere im Freien die Weine der eigenen Reben*

## ALTKÖTZSCHENBRODA

Der alte Dorfkern liegt malerisch um einen Anger. In den liebevoll restaurierten Häuschen gibt es Weinstuben, Galerien und Geschäfte. Die neugotische Friedenskirche erinnert an den Friedenschluss zum Ende des Dreißigjährigen Krieges. Weitbekannt ist das Wein- und Theaterfest alljährlich Ende September (www.weinfest-radebeul.de).

## SCHLOSS WACKERBARTH 4 ▮ b2

Auf der Straße nach Meißen erreicht man das **Barockschloss Wackerbarth.** Umgeben von Weinbergen ist das 1729 erbaute Schloss heute Sitz des Sächsischen Staatsweinguts, das hier ein Erlebnisweingut eingerichtet hat. Überragt wird das Schloss von dem achteckigen Belvedere. Bei den jeweils einstündigen Wein- oder Sektführungen geht es von den Weinbergen bis in die Keller und zur Verkostung (Tel. 03 51/895 50, April–Dez. Mo–Fr 14 u. 17, Sa/So 12, 14, 15, 16 u. 17, sonst Di–Fr 14, Sa/So 14 u. 17 Uhr).

Natürlich kredenzt auch das Gutsrestaurant die edlen Tropfen, im Sommer auf der Terrasse (€€€, Wackerbarthstr. 1, 01445 Radebeul, www.schloss-wackerbarth.de, Tel. 03 51/895 53 10, April–Dez. Mo, Febr./März Mo–Mi, Jan. geschl.).

## BILZBAD

Kulturgeschichtlich interessant ist das **Bilzbad** in Oberlößnitz. Das erste Wellenbad Europas eröffnete bereits im Jahr 1912 und ist nach wie vor in Betrieb. Initiiert hatte es der sächsische Naturheilkundler Friedrich Eduard Bilz, der Radebeul zum Zentrum der Lebensreformbewegung machte (Meiereiweg 108, 01445 Radebeul, Tel. 03 51/ 8 38 72 47, www.sbf-radebeul.de, Mitte Mai–Mitte Sept. tgl. 10 bis 19 Uhr, bei anhaltendem Regen und Temperaturen unter 18 °C geschl.).

## INFO

**Tourist-Information Radebeul**

- Hauptstr. 12 | 01445 Radebeul
  Tel. 03 51/831 18 30
  www.radebeul.de

# RADEBERG 5 ▮ c2
# UND PULSNITZ 6 ▮ c1

---

**VERLAUF:** Dresden > Radeberg > Pulsnitz

**KARTE:** Seite 130
**DAUER:** 4–5 Std.
**PRAKTISCHE HINWEISE:**
- Die Tour lässt sich am bequemsten mit dem Auto machen. Beide Ziele sind außerdem per Bus erreichbar: Die Linie 309 verkehrt vom Schillerplatz über Radeberg nach Pulsnitz. Radeberg erreicht man weiterhin mit der Linie 305 ab Hauptbahnhof bzw. mit der Regionalbahn.

---

Von Dresden sind es nur 12 km nach **Radeberg**. Als erstes stößt man dort auf die **Radeberger Exportbierbrauerei**, die den Namen des Ortes berühmt gemacht hat. Bei Betriebsführungen kann man das naturtrübe Zwickelbier probieren (Dresdner Str. 2, 01454 Radeberg, Tel. 035 28/45 48 80, www.radeber ger.de, mit Anmeldung Di–Sa 9–18, ohne Fr 18, jeden 1. Sa im Monat 16 Uhr). Der Spaziergang zum schönen Marktplatz lässt sich mit einem Besuch des **Heimatmuseums** im unterhalb liegenden Wasserschloss Klippenstein verbinden (Schloßstr. 6, 01454 Radeberg, Tel. 0 35 28/44 26 00, www.schloss-klip penstein.de, Di–So 10–16 Uhr).

Im gründerzeitlichen Kaiserhof ist der Radeberger Brauereiausschank sowie das Radeberger Biertheater zu Hause. Hier werden unterhaltsame Stücke auf Sächsisch gespielt (Hauptstr. 62, 01454 Radeberg Tel. 035 28/48 70 70, www. biertheater.de).

Weitere 15 Kilometer nördlich liegt **Pulsnitz**. Hier werden die beliebten Pfefferkuchen gebacken. In der Schauwerkstatt mit historischen Maschinen kann man sogar selbst backen (Am Markt 3, 01896 Pulsnitz, Di–So 10–16 Uhr). Nicht versäumen sollte man einen Besuch im Geburtshaus des Dresdner Bildhauers Ernst Rietschel und in der **Nikolaikirche** (1740), die beide nicht weit vom Marktplatz entfernt sind. Das Pulsnitzer Schloss samt seiner weitläufigen Parkanlage gehört heute einer Klinik.

## INFO

**Touristinformation Pulsnitz**

- Am Markt 3 | 01896 Pulsnitz
  Tel. 03 59 55/4 4246
  www.kultur-tourismus-pulsnitz.de

# SCHÖNFELDER HOCHLAND & STOLPEN

**VERLAUF:** Dresden › Schönfeld › Stolpen › Langenwolmsdorf

**KARTE:** Seite 130
**DAUER:** 1/2–1 Tag
**PRAKTISCHE HINWEISE:**
- Für diese Tour empfiehlt sich das Auto. Über die B6 geht es zunächst in den Dresdner Stadtteil Bühlau. An der Straßenbahnendhaltestelle biegt man halbrechts ab und erreicht die Orte des Schönfelder Hochlandes.

## SCHÖNFELDER HOCHLAND

Hier zeigt sich das ländliche Dresden: Kleine Dorfkerne, Bauernhöfe, alte (oft noch unsanierte) Herrenhäuser in Parks, Waldgebiete und weite Felder wechseln sich ab. Immer wieder bieten sich herrliche Ausblicke über das Elbtal bis hin ins Osterzgebirge oder zu den Tafelbergen der Sächsischen Schweiz. Über Quohren, Gönnsdorf, Helfenberg und Rockau mit einem bei Dresdnern beliebten Aussichtspunkt, erreicht man **Schönfeld 7** ▮ c2. In der Mitte des Ortes steht das **Renaissance-Wasserschloss** von 1577. In den schönen hohen Räumen ist ein kleines »Museum der Magie« eingerichtet (Am Schloss 2, 01328 Dresden, Tel. 03 51/263 26 28, www.daszauberschloss.de, April–Okt. Sa/So, Fei 13–17, Nov.–März Sa/So, Fei 13–16 Uhr). Die gegen-überliegende evangelische Kirche stammt aus dem 15. Jh.

Im Ortsteil Reitzendorf erinnert das **Kleinbauernmuseum** an den harten Alltag früherer Zeiten (Schullwitzer Str. 3, 01328 Dresden, Tel. 03 51/264 17 83, Mo–Fr 9–16, Sa/So 13–16 Uhr).

Über Eschdorf und Dürrröhrsdorf-Dittersbach, dessen Schloss (1555) in Privatbesitz und dessen Kirche mit Silbermann-Orgel von 1726 leider meist geschlossen ist, erreicht man Stolpen.

## STOLPEN 8 ▮ d2

Weithin sichtbar ragt 25 km östlich von Dresden der am Rand der Sächsischen Schweiz gelegene Basaltberg mit den trutzigen Türmen der **Burg Stolpen** in den Himmel. Berühmtheit erlangte die Burg durch die Gräfin Cosel › S. 103. Die in Ungna-

Gräfin Cosel

de gefallene Mätresse wurde von 1716 bis zu ihrem Tod hier gefangen gehalten (Schlossstr. 10, 01833 Stolpen, Tel. 03 59 73/234 10, www.burg-stolpen.org, April–Okt. tgl. 10–18, sonst Di–So 10–16 Uhr).

Nach dem Aufstieg zur Burg durch die Gassen der verträumten Stolpener Altstadt steht man vor dem **Torhaus**, dem Eingang zu der vier Höfe umfassenden Anlage. Im ersten Hof ist das Kornhaus von 1518 interessant, in dem die **Folterkammer** untergebracht war, deren schauriges Inventar man besichtigen kann. Vom zweiten Burghof mit dem weißen Schlösserturm führt das mit dem kursächsischen Wappen geschmückte Hauptportal aus dem 16. Jh. in den dritten Hof, in das Herzstück der Burg. Dort stehen noch Eisengusskanonen aus der Zeit um 1700. Den **Johannis- oder Coselturm** bewohnte die Cosel während ihrer Gefangenschaft. In den Räumen wird eine Ausstellung über die Gräfin gezeigt.

1608 begann man den 82 m tiefen **Burgbrunnen** im vierten Burghof zu graben. Den Basaltgrund bezwang man, indem man den Stein erhitzte, mit kaltem Wasser abschreckte und dann mit dem Meißel abgeschlug. Pro Jahr drang man so gerade einmal 3 bis 4 m in die Tiefe und stieß erst nach 22 Jahren auf Wasser. Vom vierten Burghof führt eine Treppe auf den **Fürstenplatz**. Hier stand das einstige Bischofs- und spätere Fürstenhaus. Vom Aussichtsplateau hat man einen herrlichen Blick auf die Berge der Sächsischen Schweiz.

Im östlich gelegenen Ortsteil **Langenwolmsdorf** 9 🏛 d2 kann man im Ratags-Kunsthandwerkerhaus erzgebirgische Holzkunst erstehen. In der Schauwerkstatt lassen sich Schnitzer und Drechsler bei der Arbeit über die Schulter schauen.

## RESTAURANT

**Bauernwirtschaft** €
Im Ratags-Hof stillt die deftige sächsische Küche den Hunger (tgl. 10–17 Uhr).
• Hauptstr. 120/167 | 01833 Stolpen
  Tel. 03 59 73/624 90 | www.ratags.de

# PIRNA & UMGEBUNG

> **VERLAUF:** Dresden › Großsedlitz › Weesenstein › Glashütte › Pirna
>
> **KARTE:** Seite 130
> **DAUER:** 1 Tag
> **PRAKTISCHE HINWEISE:**
> • Den Barockgarten erreicht man von der S-Bahn-Station Heidenau-Großsedlitz nach 15-minütigem Fußweg bergauf.
> • Weesenstein und Glashütte sind mit der Regionalbahn ab Heidenau zu erreichen.
> • Die S-Bahn fährt von Dresden nach Pirna.
> • Autofahrer erreichen die Gegend über die A 17 bis Großsedlitz.

## GROSSSEDLITZ 10 🏛 c3

Südöstlich von Dresden lädt Großsedlitz mit einem **Barockgarten** zu Spaziergängen ein. August der Starke feierte gern außerhalb der Residenz. Da er nicht genügend Geld

Schloss Weesenstein an einem goldenen Herbsttag

hatte, um selbst überall Schlösser und Parks zu errichten, drängte er auch die Adligen und Minister seines Hofes dazu. So erteilte Reichsgraf Wackerbarth dem Architekten J. C. Knöffel den Auftrag für eine große Gartenanlage, die August später kaufte. Das Schloss blieb unvollendet. Umso reizvoller ist der terrassierte Barockgarten mit Oberer und Unterer Orangerie (Parkstr. 85, 01809 Heidenau, www.barockgarten-grosssedlitz.de, April bis Okt. tgl. 10–18 Uhr).

## WEESENSTEIN ⑪ ▮ c2

Das wohl ungewöhnlichste Schloss Sachsens wurde auf einem Vulkankegel im Müglitztal gebaut. Ältester Teil ist der von einer Barockhaube

bekrönte Schlossturm. Jüngere barocke und klassizistische Anbauten stehen am Fuß des Felsens. Dort erstreckt sich auch der von der Müglitz durchflossene Barockgarten, der zu romantischen Spaziergängen einlädt. Ansonsten führt der Schlossrundgang führt durch mittelalterliche Gewölbe, Barocksäle sowie durch die Räume, in die sich König Johann mit literarischen Freunden zurückzog, um die von ihm übersetzte Göttliche Komödie Dantes zu rezitieren. Besonders eindrucksvoll ist die 1741 geweihte, reich dekorierte Hofkapelle (Am Schlossberg 1, 01809 Müglitztal, Tel. 03 50 27/62 60, www.schloss-weesenstein.de, April–Okt. tgl. 10–18, Nov. bis März Di–So 10–16 Uhr).

Uhrmacherkunst von A. Lange & Söhne

## RESTAURANT

Die 1510 begründete **Schlossbrauerei Weesenstein & Königliche Schlossküche** verspricht nach dem kulturellen auch kulinarischen Genuss (Tel. 03 50 27/420 04, www.weesenstein.de, Mo geschl.).

## GLASHÜTTE 12

Liebhabern teurer Uhren ist Glashütte ein Begriff. Die Uhrmacherkunst in dem Erzgebirgsort begründet Adolph Lange mit 1845 der sächsischen Feinuhrmacherei. Auf dem Werksareal produziert seit der Wende die neugegründete Lange Uhren GmbH. Aber auch die Firmen Glashütte Original, Nomos oder Wempe stellen vor Ort Luxusuhren her. Einen Überblick über Geschichte und Gegenwart der Produktion gibt das **Deutsche Uhrenmuseum** mit über 400 historischen Zeitmessern (Schillerstr. 3a, 01768 Glashütte, Tel. 03 50 53/462 83, www.uhrenmuseum-glashuette.com, tgl. 10–17 Uhr).

## PIRNA 13 c3

Die Kreisstadt gilt als Tor zur Sächsischen Schweiz und wartet mit vielen Sehenswürdigkeiten und einem wunderbar geschlossenen Stadtbild auf. Der rechteckige **Marktplatz** mit dem Rathaus in der Mitte und Bürgerhäusern der Renaissance ist noch fast so erhalten, wie ihn Canaletto um 1753 malte. Das großformatige Gemälde wird in der Dresdner Gemäldegalerie gezeigt.

Die Silhouette der Stadt dominiert der Turm der spätgotischen **St. Marienkirche,** ein schönes Beispiel sächsischer Hallenkirchen. Das Innere beeindruckt mit Deckengemälden des 16. Jhs. und dem 10 m hohen Sandsteinaltar aus der Spätrenaissance (Mai–Okt. Mo–Sa 11–17, So 15–17, Nov.–April Mo bis Sa 11–15, So 15–17 Uhr).

**Schloss Sonnenstein** überragt die Stadt. Im Dritten Reich wurden hier über 13 000 kranke und behinderte Menschen durch das Euthanasieprogramm der Nationalsozialisten umgebracht. Eine Gedenkstätte im Park erinnert daran (Schlosspark 11, 01796 Pirna, Mo–Fr 9–16, Sa 11–17 Uhr).

Im einstigen Dominikanerkloster informiert das **Stadtmuseum** über Pirnas Geschichte und Elbsandstein (Klosterhof 2, 01796 Pirna, Tel. 0 35 01/55 64 61, Di–So 10 bis 17 Uhr).

## INFO

**Tourist-Service Pirna**
- Am Markt 7 | 01796 Pirna
  Tel. 0 35 01/55 64 46
  www.tourismus.pirna.de

## LANDSCHLOSS ZUSCHENDORF 14 ▌c3

Mit dem Stadtbus Z gelangt man zu dem über 600 Jahre alten Schloss, das mit Ausstellungen zur Kamelien- und Azaleenzucht in den Anlagen rund um das Schloss zahlreiche Ausflügler anzieht. Die Pflanzen gibt es im angeschlossenen Laden auch zu kaufen (Am Landschloss 6, 01796 Pirna, www.kamelienschloss.de, März–Okt. Di–So 10–17 Uhr).

## GRAUPA 15 ▌c3

Der Stadtbus G/L fährt von Pirnas Zentrum in den Ortsteil Graupa auf der anderen Elbseite. Doch zuvor hält er am Liebethaler Grund, wo etwa 15 Min. von der Lochmühle entfernt das 1933 von Richard Guhr geschaffene und größte Richard-Wagner-Denkmal der Welt steht. Per Knopfdruck lässt sich die wildromantische Landschaft sogar mit Wagners Musik beschallen. Der Komponist ging hier gern wandern.

In Graupa wohnte er zeitweise im »Schäferschen Gut«, wo er 1846 am »Lohengrin« schrieb. Das zu den Richard-Wagner-Stätten gehörige Fachwerkhaus ist als **Lohengrinhaus** zugänglich (Richard-Wagner-Str. 6, 01796 Pirna, Tel. 035 01/461 96 50, www.wagnerstaetten.de, Ostern–Okt. Di–Fr 11–17, Sa/So 10–18, sonst Di–So 10–17 Uhr).

Die **Richard-Wagner-Ausstellung** im Jagdschloss von Graupa bringt auf spannende Weise Leben und Werk des jungen Musikers nahe (Tschaikowskipl. 7, 01796 Pirna, Tel. 035 01/461 96 50, www.wagnerstaetten.de, Ostern–Okt. Di bis Fr 11–17, Sa/So 10–18, sonst Di bis So 10–17 Uhr).

Im Schlosspark zeichnet ein Lehrpfad den Lebensweg des berühmten Komponisten nach.

Die autofreie Schmiedestraße im Zentrum von Pirna

# SÄCHSISCHE SCHWEIZ

**VERLAUF:** Dresden › Königstein › Rathen › Bastei › Hohnstein › Bad Schandau

**KARTE:** Seite 130
**DAUER:** 1 Tag
**PRAKTISCHE HINWEISE:**
- Bei diesem Ausflug lassen sich Fahrrad, Raddampfer und S-Bahn miteinander verbinden: Elberadweg und Bahnlinie verlaufen beide im Tal, der 30-Minuten-Takt der S-Bahn und die nur wenige Kilometer voneinander entfernten Bahnhöfe ermöglichen den spontanen Umstieg.
- Die Autostraße verläuft weitgehend auf der Hochebene abseits der Elbe. Die Anreise ist dann zwar bequemer, landschaftlich aber weniger reizvoll.

Die bizarren Sandsteinfelsen, Steilwände, Tafelberge und Schluchten der Sächsischen Schweiz sind ein Paradies für Kletterer und Spaziergänger. 1200 km Wanderwege stehen zur Verfügung. Der schönste und am besten ausgebaute ist der Malerweg (www.malerweg.de). Er führt durch die wichtigsten Orte der Sächsischen Schweiz und kann von jedem Punkt aus begonnen werden. S-Bahn-Anschluss besteht in Pirna, Naundorf, Rathen, Königstein und Schöna. Das Radwegenetz umfasst 384 km. Oder man schippert durch das Elbtal und lässt die majestätische Felslandschaft vorüberziehen.

## FESTUNG KÖNIGSTEIN 16 📖 d3

Eindrucksvoll erhebt sich die Festung Königstein über den gleichnamigen Ort. Vom Bahnhof Reißiger Platz (alle 30 Min.) und vom Besucherparkhaus (alle 10 Min.) bis zum Aufzug fährt im Sommer der Festungsexpress. Die Anlage umfasst das gesamte Plateau eines Tafelberges und wird von einer 1,7 km langen Mauer umschlossen. 1233 wurde erstmals eine Burg auf dem Königstein erwähnt. Besonders sehenswert sind die Georgenburg mit Multimediaausstellung, der mehr als 150 m tiefe Brunnen, der ehemalige Weinkeller und die Schlosskapelle. Die Alte Kaserne von 1589 gilt als ältester erhaltener Kasernenbau Deutschlands. Veranstaltungen füllen die Festung mit Leben, darunter der **historische Weihnachtsmarkt** am 2. Advent (01824 Königstein, Tel. 03 50 21/646 07, www.festung-koenigstein.de, April–Okt. tgl. 9 bis 18, Nov.–März tgl. 9–17 Uhr).

### RESTAURANT

**In den Kasematten** €€

Das Erlebnisrestaurant ermöglicht eine kulinarische Zeitreise durch 300 Jahre sächsische Militärgeschichte.
- 01824 Königstein | Tel. 03 50 21/644 44 www.festung.com

## RATHEN 17 📖 d3

Ein Touristenmagnet ist der Kurort Rathen mit seinen hübschen Gasthöfen, Pensionen und Cafés am rechten Elbufer. Das Auto muss man 1,5 km oberhalb des Ortes oder auf der anderen Flussseite parken. Zwischen wildromantischen

Erhaben ragt das Felsmassiv der Bastei über der Elbe auf

Kletterfelsen versteckt sich der **Am-selsee** (Ruderbootverleih). Am anderen Ende des Sees, etwa 500 m entfernt, zweigt rechts der Höllgrund ab, geradeaus geht es weiter zum rauschenden, 10 m hohen Amselfall. Biegt man noch vor dem Amselsee links ab, gelangt man durch den Wehlgrund zur **Felsenbühne Rathen,** dem mit 2000 Plätzen größten Naturtheater Sachsens (Amselgrund 17, 01824 Rathen, Tel. 03 50 24/77 70, www.landesbueh nen-sachsen.de).

**BASTEI** 18 ⭐ 12 📖 d3
In Rathen beginnt der Aufstieg zum berühmten Felsmassiv der Bastei. Der Weg verläuft über die Ruine der Felsenburg Neurathen zur fast 80 m

💬 **NATIONALPARK SÄCHSISCHE SCHWEIZ**

1990 wurde der Nationalpark eingerichtet, um die charakteristische Natur des Elbsandsteingebirges zu schützen. Die imposanten, stark zergliederten Sandsteinnadeln und Felsriffe entstanden durch Erosion: Die Elbe und ihre Nebenflüsse formten aus der über 600 m dicken Sandsteinschicht der Kreidezeit diese in Europa einmalige Felslandschaft. Von einsamen Kiefern bestandene Gipfel wechseln mit tief eingeschnittenen Tälern und urwüchsigen Buchenwäldern. Infos: www.nationalpark-saechsische-schweiz.de

langen Basteibrücke. Über einen abenteuerlichen Steg am Fels gelangt man zum viel besuchten Aussichtspunkt mit Restaurant: Weit neigt sich der Felsen zur Elbe vor und ermöglicht so einen großartigen Blick ins 200 m tiefere Elbtal und bis hinüber nach Tschechien.

## HOHNSTEIN 19 📖 d3

In Hohnstein mit seinem hübschen Markt lohnt ein Besuch der gut erhaltenen Burganlage mit Museum (www.burg-hohnstein.info). Außerdem ist der Ort ein hervorragender Ausgangspunkt für Wanderungen und Klettertouren im **Nationalpark Sächsische Schweiz** › S. 145.

## BAD SCHANDAU 20 📖 d3

Bad Schandau hat in den vergangen Jahren wieder an seine einstige Bedeutung als Kurort anknüpfen können. In mehreren Hotels und Einrichtungen lässt es sich herrlich entspannen, etwa in der **Toskana-Therme** (Rudolf-Sendig-Str. 8a, 01814 Bad Schandau, Tel. 03 64 61/ 920 00, www.toskanaworld.net, So bis Do 10–22, Fr/Sa bis 23 Uhr). Von Bad Schandau aus fährt eine historische Straßenbahn auf einer 8 km langen Strecke durchs Kirnitzschtal (www.kirnitzschtalbahn.de).

### INFO

**Tourismusverband Sächsische Schweiz**
Übernachtungsgäste erhalten von ihren Gastgebern eine elektronische Gästekarte mit zahlreichen Ermäßigungen.
• Bahnhofstr. 21 | 01796 Pirna
 Tel. 03 51/47 01 47
 www.saechsische-schweiz.de

### HOTEL

**Bio- und Nationalparkhotel Helvetia** €€€
Sachsens erstes zertifiziertes Biohotel.
• Schmilka 11 | 01814 Bad Schandau
 Tel. 03 50 22/922 30
 www.hotelhelvetia.eu

Der Nationalpark Sächsische Schweiz ist von Hohnstein aus bestens zu erkunden

# EXTRA-TOUREN

## EIN VERLÄNGERTES WOCHENENDE

---

**VERLAUF:** Theaterplatz › Neumarkt › Neustadt › Pillnitz › Loschwitz › Weißer Hirsch › Gemäldegalerie › Grünes Gewölbe › Meißen

**KARTE:** Faltkarte
**DAUER:** 2 1/2 Tage
**VERKEHRSMITTEL:** Die Wege zwischen Alt- und Neustadt bewältigt man bequem zu Fuß. Loschwitz und Pillnitz sind gut mit dem Bus 63 zu erreichen. Eine Tageskarte für den ÖPNV oder die Dresden Card › S. 153 berechtigen auch zur Fahrt mit den Fähren. Die Bergbahnen kosten aber in jedem Fall noch einmal extra (3 Euro). Die Schifffahrt nach Pillnitz dauert ca. 90 Min. und kostet etwa 16,50 Euro. Nach Meißen verkehrt die S 1.

---

**1. TAG:** Nach der Ankunft am Nachmittag des ersten Tages steht erst einmal die historische Dresdner Altstadt auf dem Programm. Den Rundgang › S. 68 sollte man so gestalten, dass man kurz vor 18 Uhr auf dem Neumarkt den Glocken der **Frauenkirche** › S. 80 lauschen kann. Sie rufen zur musikalischen Andacht mit anschließender Kirchenerklärung, eine schöne Einstimmung in den Abend, den man dann gemütlich in einem der zahlreichen Lokale am **Neumarkt** › S. 80 abschließen kann. Wer das Dresdner Nachtleben kennenlernen möchte, fährt mit der Straßenbahn zum **Albertplatz** › S. 100. Am Brunnentempel startet um 21 Uhr der »Night Walk« › S. 150.

**2. TAG:** Der nächste Tag beginnt mit einer Fahrt per Motorschiff (Abfahrt: 10 Uhr) oder Raddampfer (Abfahrt 9 Uhr in der Saison) nach **Pillnitz** › S. 124, die einstige Sommerresidenz des sächsischen Hofes. Dort sollte man außer dem schönen Park die Räume des Schloss- und des Kunstgewerbemuseums erkunden. Nach einem Abstecher ins **Weber-Museum** › S. 126 geht es mit dem Bus wieder in Richtung Dresden. Man steigt am idyllischen Marktplatz von **Loschwitz** › S. 122 aus. Von hier bringt einen die Standseilbahn hinauf zum **Weißen Hirsch** › S. 121, wo man auf den Spuren von Uwe Tellkamps »Der Turm« spaziert und den herrlichen Blick auf das Elbtal genießen kann. Über die Plattleite gelangt man zur Straßenbahnlinie 11 und mit dieser an den **Elbschlössern** › S. 120 vorbei ins Stadtzentrum. Wer will, kann am Albertplatz aussteigen und durch die innere Neustadt in die Altstadt zurückbummeln. Am Abend bietet sich der Besuch eines Konzertes oder einer Aufführung in einem der vielen Theater an › S. 41.

**3. TAG:** Der dritte Tag gibt vormittags Gelegenheit, ein oder zwei Museen zu besuchen, wobei die **Gemäldegalerie Alte Meister** › S. 71 und das **Dresdner Schloss** › S. 72 mit dem **Grünen Gewölbe** fast schon zum Pflichtprogramm gehören. Wer mit dem Auto unterwegs ist, sollte versuchen, die Rückreise mit einem Abstecher nach **Meißen** › S. 128 oder **Moritzburg** › S. 132 zu verbinden.

## EIN TAG IN DRESDEN

**VERLAUF:** Hauptbahnhof › Altmarkt › Zwinger › Frauenkirche › Hauptstraße › Albertplatz › Pfunds Molkerei › Neustädter Bahnhof

**KARTE:** Faltkarte
**DAUER:** Gehzeit ca. 4–5 Std.
**VERKEHRSMITTEL:** Die Sehenswürdigkeiten reihen sich entlang eines rund 5 km langen Fußweges in die Neustadt. Von dort ist man mit der Straßenbahnlinie 11 in ca. 5 Min. wieder am Neustädter Bahnhof bzw. in 20 Min. am Hauptbahnhof; man benötigt lediglich einen Einzelfahrschein.

Bei einem eintägigen Besuch, kann man die Innenstadt zwischen den beiden großen Bahnhöfen besichtigen. Am **Hauptbahnhof** › S. 88 macht Dresden zunächst den Eindruck einer modernen Großstadt. Geschäfte und Warenhäuser säumen den Weg. Der Rathausturm und die Kreuzkirche am **Altmarkt** › S. 83 markieren den Beginn des historischen Stadtzentrums.

Der Rundgang führt nun über den Altmarkt und die Wilsdruffer Straße zum Postplatz. Der modernistische Platz mit überdimensionierter Straßenbahnhaltestelle wirkt ziemlich öde. Umso erfreulicher ist dann der Anblick des **Zwingers** › S. 70. Von hier aus geht man über den **Theaterplatz** › S. 68, an **Semperoper** › S. 68 und **Dresdner Schloss** › S. 72 vorbei bis zur **Frauenkirche** › S. 80 und schließlich zur Augustusbrücke. Auch wenn die Zeit für Besichtigungen knapp ist: Für einen Blick in die Frauenkirche oder die **Kathedrale** › S. 76 sie reichen. Ist man nicht schon in einem der zahlreichen

Lokale der Altstadt eingekehrt, so hat man auch auf der Neustädter Seite dazu noch ausreichend Gelegenheit. Von der Brücke bietet sich noch ein herrlicher Blick auf die sich im Elbwasser spiegelnde Altstadt, bevor man nun unter den Platanen der Neustädter **Hauptstraße** › S. 98 und auf der Königstraße entlangbummelt. Sind die Boutiquen besonders auf letzterer eher nobel, findet man dann in den Straßen hinter dem Albertplatz das coole und jugendliche Dresden. Unter der Woche sollte man vor 18 Uhr einen Abstecher in **Pfunds Molkerei**

Am Kästner-Museum nahe Albertplatz

› S. 109 unternehmen. Ein Muss ist auch der Bummel durch die **Kunsthofpassage** › S. 108 mit netten Shops und gemütlichen Kneipen. Zu Fuß oder mit der Straßenbahn erreicht man den **Bahnhof Dresden-Neustadt.**

## TOUR 12

## MUSIKALISCHER STADTRUNDGANG

**VERLAUF:** Synagoge › Sächsische Landesbibliothek › Frauenkirche › Kulturpalast › Kreuzkirche › Kathedrale › Semperoper › Musikhochschule › Alter Katholischer Friedhof

**KARTE:** Faltkarte
**DAUER:** ca. 3–4 Stunden
**VERKEHRSMITTEL:** Von der Synagoge zur Sächsischen Landesbibliothek kommt man mit den Straßenbahnlinien 3 oder 8, entweder bis Reichenbachstr., von wo es ca. 1 km zu Fuß weitergeht, oder bis Nürnberger Platz, wo einem der Bus 61 das Laufen abnimmt. Vom Bahnhof Mitte bis Krankenhaus Friedrichstadt kann man die Straßenbahn 10 nehmen, die einen auch ins Zentrum zurückbringt.

Viele Komponisten haben in Dresden gewirkt. Ihren Spuren folgt dieser Rundgang. Start ist an der **Neuen Synagoge** › S. 80, in der zu Gottesdiensten jüdische Gesänge erklingen. Mit der Straßenbahn 3 kann man einen

## VERWEGENE ERKUNDUNGEN

- Bei der **Trabi-Safari** steuert man selbst seine Rennpappe durch Dresden, die Erklärungen des Gästeführers hört man im Radio. Los geht es in der Bremer Straße in der Friedrichstadt westlich vom Zentrum (Tel. 03 51/82 12 01 43, www. trabi-safari.de).
- Das **Conference Bike** wird von bis zu sieben Personen im Kreis sitzend angetrieben (Tel. 03 51/ 65 31 88 88, www.cbikes.de).
- Mit den **Rikscha-Taxen** kann man sich gemütlich durch die Stadt fahren lassen. Die Kompetenzen der Führer liegen meist eher auf sportlichem Gebiet. Zentraler Startpunkt ist der Neumarkt vor der Frauenkirche. █ C3
- Die Kneipenszene der Neustadt ist so legendär wie unübersichtlich. Einen Überblick verschafft täglich um 21 Uhr (im Winter nur nach Anmeldung) der Kneipenrundgang **Night Walk** (Treff: Artesischer Brunnen, Albertplatz, Tel. 01 72/781 50 07, www.nightwalk-dresden.de). █ C1
- Eine **Kutschfahrt** vom Kulturpalast oder vom Schlossplatz aus ist nichts Ungewöhnliches, es sei denn, man wählt den doppelstöckigen Pferdeomnibus. Dieser fährt in den Sommermonaten täglich zwischen 10 und 13 Uhr zu jeder vollen Stunde vom Kulturpalast ab (Tel. 015 20/235 53 81, www.kutsch fahrten-in-dresden.de). █ B3

Abstecher zum Buchmuseum der **Sächsischen Landes- und Universitätsbibliothek** machen. Sie birgt kostbare Handschriften, u. a. von Bach, Vivaldi, Schumann, Wagner (Zellescher Weg 18, 01069 Dresden, Tel. 03 51/467 73 90, www.slub-dresden.de, Mo–Fr 10–17 Uhr, Eintritt frei). › mehr S. 16 Punkt ㉜

Bald passiert man die mit Kuppeln bekrönte **russisch-orthodoxe Kirche** aus dem 19. Jh., in der man mit Glück einem russischen Männerchor lauschen kann. Dahinter ragt die **Lukaskirche** empor, wo fast alle Aufnahmen der Dresdner Orchester eingespielt werden.

Zu Fuß geht es von der Synagoge in die Altstadt. Die **Frauenkirche** › S. 80 ist ein Zentrum Dresdner Musikkultur. Gegenüber steht das Wohnhaus von Heinrich Schütz (1585–1672). Musizierende Knaben schmücken den Renaissanceerker. Das **Hotel de Saxe** › S. 81 ist eng mit dem Schaffen Robert Schumanns verbunden: Seine Frau Clara führte hier 1845 hochschwanger das Klavierkonzert ihres Gatten erstmals öffentlich auf. Auch im **Coselpalais** › S. 81 musizierte das Ehepaar.

Im 1969 errichteten Kulturpalast ist die **Dresdner Philharmonie** beheimatet. Der 2017 eingebaute Neue Konzertsaal wird den Ansprüchen des 1872 gegründeten Spitzenorchesters gerecht. Schon sieht man den Turm der **Kreuzkirche** › S. 84, einst Wirkungsstätte von Schütz und Stammhaus des **Dresdner Kreuzchors** › S. 60. Vorbei am Halbrund des QF-Komplexes, wo einst Chopin logierte, geht es zum

Fürstenzug › S. 75. In der Töpfergasse hatte Richard Wagner eine seiner insgesamt zehn Wohnungen in Dresden. Die herrliche Silbermann-Orgel in der **Kathedrale** › S. 76 erklingt mittwochs und samstags um 11.30 Uhr.

Nächste Station ist die **Semperoper** › S. 68, eines der erfolgreichsten Opernhäuser der Welt. Hier residiert die **Sächsische Staatskapelle**. 1548 gegründet ist sie das zweitälteste noch existierende Orchester der Welt. Hier wirkten u. a. Carl Maria von Weber, Richard Wagner und Richard Strauss.

Vorbei am **Schauspielhaus** geht es durch die Grüne Straße zur **Musikhochschule** mit ihrem modernen Konzertsaal und zum **Kraftwerk Mitte,** seit 2016 Heimstatt der Staatsoperette Dresden. Von hier sind es nur wenige Schritte sind es zum Bahnhof Mitte und zur Friedrichstadt. Auf dem **Alten katholischen Friedhof** gegenüber vom Palais Brühl-Marcolini (heute Krankenhaus Friedrichstadt), in dem 1849 Richard Wagner wohnte, liegt Carl Maria von Weber begraben.

## AUF DER SÄCHSISCHEN WEINSTRASSE

**VERLAUF:** Diesbar-Seußlitz › Zadel › Meißen › Radebeul › Dresden › Wachwitz › Pillnitz › Pirna

**KARTE:** Faltkarte
**DISTANZEN: Diesbar-Seußlitz › Zadel** 6 km/8 Min. **Zadel › Meißen** 8 km/12 Min. **Meißen › Radebeul** 17 km/25 Min. **Radebeul › Dresden** 10 km/20 Min. **Dresden › Wachwitz** 9 km/18 Min. **Wachwitz › Pillnitz** 5 km/7 Min. **Pillnitz › Pirna** 8 km/12 Min.
**VERKEHRSMITTEL:** Mit dem Auto ist die Tour zwar bequemer, der Fahrer kommt aber nicht in ihren vollen Genuss. Ab Meißen verläuft die S-Bahn meist parallel zur sächsischen Weinstraße. Auch eine Kombination mit der Sächsischen Dampfschifffahrt ist möglich: Abfahrt am Dresdner Terrassenufer um 9.45 Uhr; über Meißen erreicht man Seußlitz um 12.40 Uhr, von wo es nach 50 Min. zurückgeht; wer vorher aussteigt, hat einen entsprechend längeren Aufenthalt (27 Euro).

Die sächsische Weinstraße beginnt im reizvollen Ort **Diesbar-Seußlitz.** Vom Schloss, das der Architekt der Dresdner Frauenkirche George Bähr 1722 im barocken Stil umgestaltete, ist nur die Kirche zugänglich. Auf der Terrasse des Gasthofs zum Roß (An der Weinstraße 50, 01612 Diesbar-Seußlitz, Tel. 03 52 67/51 80, www.zum-ross-diesbar.de) sollte man einen

Schoppen des »Seußlitzer Heinrichsberg« probieren. Vorbei an Zadel geht es nach Meißen. Über die »Katzenstufen« erreicht man das renommierte **Weingut Schloss Proschwitz** des Prinzen zu Lippe mit Gästehaus und Vinothek (Dorfanger 19, 01665 Zadel, Tel. 035 21/767 60, www.schloss-proschwitz.de). Der Weinberg bietet eine herrliche Sicht auf **Meißen** › S. 128. Der romantische Weingasthof Bauernhäus'l dort ist eine echte Institution (Oberspaarer Str. 20, 01662 Meißen, Tel. 035 21/73 33 17, www.bauernha-eusl.de). Die sächsische Weinstraße führt am Spaar-Gebirge längs nach Sörnewitz mit dem für seine Rotweine bekannten Weingut Schuh (Dresdner Str. 314, 01640 Sörnewitz, Tel. 0 35 23/8 48 10, www.weingut-schuh.de).

Über **Coswig** mit sehenswerter Dorfkirche geht es nach **Radebeul,** wo in **Schloss Wackerbarth** › S. 137 das Sächsische Staatsweingut zu Hause ist. Jenseits der Bahnlinie lohnt ein Spaziergang durch das Dorf **Altkötzschenbroda** nahe der Elbe. Unterhalb der Weinberge am Fuß der Spitzhaustreppe liegt das **Weingut Hoflößnitz** › S. 136 mit einem Museum über den sächsischen Weinbau. Wandert man auf gleicher Höhe etwa 1 km Richtung Dresden, erreicht man die **Villa Sorgenfrei** mit Gourmetrestaurant (Augustusweg 48, 01445 Radebeul, Tel. 03 51/795 66 60, www.hotel-villa-sorgenfrei.de). Vom Dresdener Stadtzentrum, wo fast alle Lokale sächsischen Wein ausschenken, geht es 4 km ostwärts. Die **Loschwitzer Elbhänge** bewirtschaftet Winzer Lutz Müller › S. 121. Am Weinberghäuschen › S. 122 vorbei erreicht man **Wachwitz.** Oberhalb der Rebstöcke führt der Weinwanderweg mit Blick über das Elbtal nach **Pillnitz** › S. 124. Bekanntester Winzer hier ist Klaus Zimmerling. Über Graupa geht es nach **Pirna** › S. 142. An den Hügeln des Elbsandsteingebirges befindet sich Deutschlands östlichste Weinlage.

Der Spazierweg oberhalb der Weinberge bei Radebeul eröffnet eine grandiose Weitsicht

# INFOS VON A–Z

## ÄRZTLICHE VERSORGUNG
- **Notfalldienst:** Tel. 192 92
- **Krankentransport:** Tel. 192 22
- **Zahnärztlicher Notdienst:**
  Fiedlerstraße 25 (Haus 28),
  Tel. 458 36 70, Mo–Fr 22–7,
  Sa/So 8–7 Uhr

## BARRIEREFREIES REISEN
Informationen für Touristen mit Handicap, Ausflüge und Stadtrundfahrten in behindertengerechten Bussen sowie Infos über behindertengerechte Hotels bekommt man bei der Dresden Information > unten.

## FEIERTAGE
Neben den allgemeinen bundesweiten Feiertagen begeht das protestantische Sachsen zusätzlich am 31. Oktober den Reformationstag und am dritten Mittwoch im November den Buß- und Bettag.

## FUNDBÜROS
- **Fundbüro der Stadt Dresden:**
  Theaterstr. 11–15 (im Ordnungsamt),
  Tel. 488 59 97, Mo, Fr 9–12, Di, Do bis 18 Uhr.
- **Deutsche Bahn AG:**
  Hauptbahnhof Gepäckzentrum,
  Tel. 09 00/199 05 99, Mo–Sa 8–20, So, Fei 10–20 Uhr.

## INFORMATION
- **Dresden Information an der Frauenkriche**
  QF-Passage, Neumarkt 2,
  01067 Dresden, Tel. 03 51/50 15 01,
  www.dresden.de/tourismus,
  Mo–Fr 10–19, Sa 10–18, So 10–15 Uhr.

---

📣 **GUT ZU WISSEN!**

- **Dresden Card:** Aktive Dresden-Besucher können mit den Dresden Cards (erhältlich in den Tourist-Infos) richtig sparen: Freie Fahrt mit Bus, Bahn und Fähre sowie freien Eintritt in viele Museen (allerdings nicht ins Historische Grüne Gewölbe) und zahlreiche weitere Ermäßigungen (u. a. City Card ab 12 Euro, 1 Tag). Die beschriebenen Ausflüge liegen im Geltungsbereich der Regio Card (ab 20 Euro, 1 Tag). Wer eher gemütlich bummeln will, kommt aber mit der Familientageskarte am DVB-Automaten und einzelnen Eintrittsgebühren günstiger weg.
- **Parkplätze:** Ein dynamisches Leitsystem führt zu freien Plätzen in Parkhäusern und auf Parkplätzen. In der Innenstadt sind auch an den Straßenrändern fast alle Parkmöglichkeiten gebührenpflichtig.
- **Museen:** Die Museen der Staatlichen Kunstsammlungen haben unterschiedliche Schließtage: Montags sind die Zwinger-Museen und dienstags das Schloss zu. Für fast alle Museen der Stadt gilt die einheitliche Öffnungszeit von 10–18 Uhr. Für Museumsfans lohnt eine Jahreskarte (50 Euro) für alle Museen und Sonderausstellungen der Staatlichen Kunstsammlungen (inkl. Historisches Grünes Gewölbe, ggf. Ticket mit Einlasszeit buchen).
- **Opernkarten:** Immer wieder gibt es Beschwerden über überteuerte Schwarzmarkttickets. Kaufen Sie Karten am besten frühzeitig im Vorverkauf an der Opernkasse oder online (mit interaktiver Platzauswahl).

Sehr beliebt sind die Dampferfahrten auf der Elbe

- **Dresden Information im Hauptbahnhof**
  Wiener Platz 4, 01069 Dresden,
  tgl. 8–20 Uhr.

## NOTRUFNUMMERN
- **Polizei:** Tel. 110
- **Feuerwehr/Rettung:** Tel. 112
- **ADAC:** Tel. 01 80/222 22 22

## STADTRUNDFAHRTEN & -GÄNGE
Die Doppeldeckerbusse der Stadtrund-
fahrt Dresden bieten an 18 Haltestellen
Ein- und Ausstiegsmöglichkeiten. Die Er-
läuterungen kommen mehrsprachig vom
Tonband. Das Tagesticket gilt auch für
andere Führungsangebote (ab Zwinger/
Postplatz, Tel. 03 51/899 56 50, www.stadt
rundfahrt.com). Bei den Touren mit den
roten Doppeldeckerbussen begleitet Sie
ein Gästeführer( ab Stadtmuseum, Tel.
03 51/494 04 04, www.stadtrundfahrt-
dresden.de).
   Vom Wasser aus kann man Dresden mit
der Sächsischen Dampfschifffahrt entdecken. Die Touren dauern 1½ Stunden (Tel.
03 51/86 60 90, www.saechsische-dampf
schiffahrt.de).
   Die Stadt kann man außerdem bei ge-
führten Rundgängen kennenlernen, die

sich im Vorraus über Dresden Information buchen lassen (Tel. 03 51/50 16 01 60).
Individuelle Führungen werden angeboten von Dresden Walks (April–Okt. tgl.
10.30, Nov.–März tgl. 12 Uhr, Treffpunkt:
Freitreppe Brühlsche Terrasse) und den
kostümierten Höflingen von Barokkoko
(Tel. 03 51/833 60 00, www.erlebnisrund
gang.de, April–Okt. Fr 18 Uhr Start vom
Kronentor im Zwinger). > mehr S. 12 Punkt
❶ Vielfältige thematische Touren stehen außerdem bei igeltour auf dem Programm (Tel. 03 51/804 45 57, www.igel
tour-dresden.de).

## TAXI
- **Funktaxi:** Tel. 03 51/21 12 11
- **Dresdner Chauffeur Service 8x8:**
  Tel. 03 51/88 88 88 88

---

💬 **URLAUBSKASSE**

- Tasse Kaffee:              2,50 €
- Softdrink:                2,80 €
- 0,3 l Radeberger:         3,00 €
- Bratwurst mit Brot:       3,00 €
- Kugel Eis:                1,40 €
- Taxifahrt (10 km):        26 €
- Mietwagen/Tag:            ab 60 €

# REGISTER

## BILDNACHWEIS

**Coverfoto:** Gemälde »Sixtinische Madonna« (Raffael), Gemäldegalerie Alte Meister, Dresden © imago/epd

**Fotos Umschlagrückseite:** Lookphotos/Böttcher, Ulf (links); Dresdner Kaffee und Kakao Rösterei (Mitte); laif/Jaeger, Malte (links)

Adobe Stock/Becker, Torsten: 81; Adobe Stock/Blickfang: 87; Brandt, David: 51; AWL Images/Arnold, Jon: 6/7; DML-BY/ddpix.de: 73; DML-BY/Bahrmann, Daniel: 128; DML-BY/Döring, Sven: 43, 45, 46/47, 63, 64/65, 90; DML-BY/Henning, Michael R.: 79; DML-BY/Schlieb, Moritz: 44; DML-BY/Weingart, Sebastian: 66, 112; Dresdner Kaffee und Kakao Rösterei: 14; Fotolia/Cordier, Jean Jacques: 75; Fotolia/Gosch, Ralf: 137; Fotolia/iMagine: 60; Fotolia/Jensen, Ole: 53, 154; Fotolia/Lianem: 96, 141; Getty Images/Masterton, Iain: 16; Getty Images/PETER PTSCHELINZEW: 101; Huber Images/Gräfenhain, Günter: 12; Huber Images/Kaos: 110; Huber Images/R.Schmid: 145; Huber Images/Raccanello, Sandra: 104; Huber Images/TC: 123; Jahreszeiten Verlag/Lengler, Gregor: 37, 133; Jahreszeiten Verlag/Schmid, Dorothea: 70; Jahreszeiten Verlag/Schmitz, Walter: 57, 115, 116, 127; laif/Adenis, Pierre: 146; laif/Jaeger, Malte: 29; laif/Rigaud, Peter: 15; laif/Schmid, Dorothea: 56; laif/Theis, Gulliver: 9, 38; Lange Uhren GmbH: 142; Lookphotos/Böttcher, Ulf: 20/21; Mauritius Images/age fotostock/Forsberg, Peter Erik: 95; Mauritius Images/Alamy/Forsberg, Peter: 102; Mauritius Images/Alamy/travelbild. com: 152; Mauritius Images/Dieterich, Werner: 93; Mauritius Images/imageBROKER/Goerlich, Stephan: 77; Mauritius Images/Travel Collection/Schiffer, Maria: 34; Mauritius Images/Wrba, Ernst: 31, 143; Münch, Christoph: 8, 134, 149; QF Hotel GmbH&Co.KG: 67; Shutterstock/ Ruairuen, Anirut: 13; Shutterstock/kravka: 109; Shutterstock/Kukic, Sinisa: 18; Shutterstock/leoks: 10; Shutterstock/Mackevicius, Henrikas: 19; Shutterstock/Rohde, Angela: 54; Shutterstock/Saydalieva, Shamsiya: 22; Shutterstock/Tronin, Konstantin: 59; Shutterstock/Ttstudio: 55; Staatliche Kunstsammlungen Dresden/Gemäldegalerie Alte Meister/Klut, Hans-Peter und Estel, Elke: 61, 139; Staatliche Kunstsammlungen Dresden/Kunstgewerbemuseum/Karpinski, Jürgen: 125; Vittinghoff, Sabine: 17; Weingut Aust: 26; Wolten-Thom, Anke: 33.

Liebe Leserin, lieber Leser,
wir freuen uns, dass Sie sich für diesen POLYGLOTT on tour entschieden haben.
Unsere Autorinnen und Autoren sind für Sie unterwegs und recherchieren sehr gründlich,
damit Sie mit aktuellen und zuverlässigen Informationen auf Reisen gehen können.
Dennoch lassen sich Fehler nie ganz ausschließen. Wir bitten Sie um Verständnis, dass der
Verlag dafür keine Haftung übernehmen kann.

Ihre Meinung ist uns wichtig. Bitte schreiben Sie uns:
**GRÄFE UND UNZER VERLAG**
Postfach 86 03 66, 81630 München, Tel. 0 89 / 419 819 41
www.polyglott.de

**LESERSERVICE**
polyglott@graefe-und-unzer.de
Tel. 0 800 / 72 37 33 33 (gebührenfrei in D, A, CH), Mo–Do 9–17 Uhr, Fr 9–16 Uhr

### 1. Auflage 2019

© 2019 GRÄFE UND UNZER VERLAG GmbH, München
Dieses Buch wurde auf chlorfrei gebleichtem Papier gedruckt.
ISBN 978-3-8464-0450-8

Bei Interesse an maßgeschneiderten B2B-Editionen:
gabriella.hoffmann@graefe-und-unzer.de

Bei Interesse an Anzeigen:
KV Kommunalverlag GmbH & Co. KG
Tel. 089/928 09 60
info@kommunal-verlag.de

**Verlagsleitung:** Grit Müller
**Verlagsredaktion:** Anne-Katrin Scheiter
**Autor:** Christoph Münch, Frank Schüttig
**Redaktion:** Renate Nöldeke
**Bildredaktion:** Nora Goth
**Mini-Dolmetscher:** Langenscheidt
**Umschlaggestaltung & Layout:**
Independent Medien Design, München
Horst Moser (Artdirection), Lucie Heselich
**Karten und Pläne:** Huber Kartographie GmbH
**Satz:** Tim Schulz, Mainz
**Herstellung:** Anna Bäumner, Gloria Schlayer
**Druck und Bindung:**
Printer Trento, Italien

PEFC/18-31-506

*Ein Unternehmen der*
GANSKE VERLAGSGRUPPE

# MINI-DOLMETSCHER SÄCHSISCH

Als Grundregel des Sächsischen gilt »De Weeschn besieschn de Hardn« (»Die Weichen besiegen die Harten«), das heißt, auch harte Konsonanten werden meist weich gesprochen (p = b, t = d, k = g). Etwas schwieriger für alle Nichtsachsen ist die Aussprache der Vokale und Umlaute. Ein e wird zum ä, das ö hört sich an wie ein e und das ü wird zum langen i.

Nicht verzweifeln bei Wörtern mit der Silbe ei: Es heißt eens, zwee, dreie und nicht eens, zwee, dree. Einfacher wird´s mit dem au, das sächsisch zum oo mutiert: loofn und goofn statt laufen und kaufen.
Für die Dresdner sind zwei kleine Worte sehr typisch: Zur Bestätigung (ja, doch, klar) sagen si »nu«. Und »nicht« wird zu »ni«.

| | | | |
|---|---|---|---|
| **A**ahmd | Abend | **H**eeme machen | nach Hause gehen |
| ausbaldowern | herausfinden, auskundschaften | helle | aufgeweckt, klug |
| ausmährn | sich beeilen | hiefrisch | schwächlich |
| | | hinmachen | sich beeilen |
| **b**abbsch | weich, pappig | Husche | kurzer Regenschauer, kleines Feuer im Ofen |
| bedäbberd | verdutzt, überrascht | | |
| bedudeld | beschwipst | iezsch | zornig, wütend |
| Beene | Beine | iewer | über |
| Bemme | belegtes Brot | | |
| bitschenass | nass bis auf die Haut | **L**aadschn | alte Schuhe, Hausschuhe |
| Blaadsch | Tollpatsch | labbsch | schlaff, kraftlos, fade |
| blaadschn | Bindfäden regnen | Lähm | Leben; Lehm |
| Blembe | unschmackhaftes Getränk, dünne Suppe | laweede | labil, wackelig |
| | | Leibzsch | Leipzig |
| Bliemschngaffee | dünner Kaffee | Lorge | dünner Kaffee |
| Boom | Baum | | |
| | | **m**alade | matt, abgespannt |
| **D**ämse | drückende Hitze, Gewitterschwüle | mährn | etwas langsam machen |
| | | meschugge | verrückt, nicht bei Sinnen |
| dischdsch | tüchtig | Morschn | Morgen, Guten Morgen |
| dickschen | schmollen, sich trotzig verhalten | Motschegiebchen | Marienkäfer |
| | | Muggen | charakterliche Eigenheiten |
| didschn | eintunken (z. B. Kuchen in Kaffee) | | |
| dorheeme | daheim | **n**ärrsch | verrückt, nicht normal |
| Drähsdn | Dresden | ni | nicht (nur Raum Dresden) |
| draaschn | regnen | ningeln | jammern |
| Dschuldschung | Entschuldigung | nu | ja, klar (Raum Dresden) |
| | | Nieselbriem | Tollpatsch |
| **e**gah | fortwährend, immerzu | | |
| eingoofn | einkaufen | **R**aasche | Aufregung, Wut, Lärm, Unruhe |
| escha | ein energisches nein, oder »ach, wo denkst du hin« | Rabadz | |
| | | Rangdewuh machen | gründlich aufräumen, Ordnung machen |
| es räächent | es regnet | Reformande | Strafpredigt |
| | | riewer un niewer | herüber und hinüber |
| **f**erdsch | fertig | rumbläägn | herumschreien |
| fischeland | geschickt, klug, clever | rumhubbm | herumhopsen, -hüpfen |
| Fisemadenzschn | Dummheiten | Runks | Grobian |
| fuchdsch (wärn) | wütend, zornig (werden) | | |
| | | Schmedde | (altes, klappriges) Fahrrad |
| **g**äägsch | blass, kränklich aussehen | | |
| Gaggsch | Spaß, Scherz | Schlaadz | Riss, Schlitz |
| Gelummbe | Sachen, Kram, Mist | Schwabberich | kurzer Regenguss |
| gemiedlisch | gemütlich | Schweeßbemmen | Schweißfüße |
| Gischdruden | Beine | sieße | süß |
| Gnewertzchen | Füße, Zehen | | |
| Gobb | Kopf | vorblembern | vergeuden |
| gräfdsch | kräftig | vorbummfiedln | verlegen, verschusseln |
| Graf Googs | Angeber, Lackaffe | vorhohnebiebeln | verhöhnen, verspotten |
| de Gräädsche machen | schlapp machen, krank werden, auch: sterben | vorgaggeiern | veralbern |
| Griebsch | Kerngehäuse des Apfels | **w**egmachn | sich räumlich verändern |
| Guhbläke | abgelegenes kleines Dorf | Worscht | Wurst |
| Gusche | Mund | | |
| (mei) Gudsder, (meine) Gudsde | (mein) Lieber, (meine) Liebe | zuudschn | nuckeln, saugen (z. B. am Trinkhalm) |

# MEINE ENTDECKUNGEN

..............................................................................

..............................................................................

..............................................................................

..............................................................................

..............................................................................

..............................................................................

..............................................................................

..............................................................................

..............................................................................

..............................................................................

..............................................................................

..............................................................................

..............................................................................

..............................................................................

..............................................................................

..............................................................................

..............................................................................

..............................................................................

..............................................................................

Teilen Sie Ihre Entdeckungen auf facebook.com/Polyglottreisewelt.

# CHECKLISTE DRESDEN

**Nur da gewesen oder schon entdeckt?**

☐ **SCHATZKAMMER**
Die barocken Schmuckstücke im Neuen Grünen Gewölbe vermitteln etwas vom Glanz am sächsischen Hofe August des Starken. › S. 74

☐ **DAMPFERFAHRT AUF DER ELBE**
Die Schauseite Dresdens ist der Elbe zugewandt. An Bord der ältesten Raddampferflotte der Welt kann man sie richtig genießen. › S. 15

☐ **WEINSELIGKEIT**
Dresden gilt als die nördlichste Weinmetropole der Welt. Kostproben der edlen Tropfen bei Winzern, in Lokalen oder in der Vinothek sind daher ein Muss. › S. 40

☐ **OHRENSCHMAUS**
Die engelsgleichen Knabenstimmen des Kreuzchors machen die Vespern in der Kreuzkirche zu einem Genuss. › S. 15

☐ **KNEIPENKULTUR**
Beim abendlichen Bummel durch die Äußere Neustadt lernt man das Dresdner Nachtleben bestens kennen. › S. 105

☐ **WEIHNACHTSMARKT**
In der Adventszeit lockt der Dresdner Striezelmarkt mit einer 14 m hohen Erzgebirgspyramide und Dresdner Stollen. › S. 83

☐ **PANORAMABLICK**
Eine Zeitreise in die barocke Residenzstadt Dresden ermöglicht das Panometer aufgrund eines grandiosen Rundumblicks und einer perfekten Lichtinszenierung mit nachempfundenem Wechsel zwischen Tag und Nacht. › S. 94

---

💬 **MITBRINGSEL**

- **Dresdner Essenz:** Duftende Badezusätze – wiegen und kosten nicht viel › S. 16
- **Sächsischer Wein:** Wie wär's mit Traminer – gewachsen an den Elbhängen › S. 40